GÉNÉALOGIE

DE LA MAISON

DE BEAUREPAIRE

GÉNÉALOGIE

DE LA MAISON

DE BEAUREPAIRE

GÉNÉALOGIE

DE LA MAISON

DE BEAUREPAIRE

D'APRÈS UN MANUSCRIT

DE M. LAMBERT DE BARIVE

AVOCAT, COMMISSAIRE DU ROI,
POUR LA RECHERCHE DES ANCIENNES CHARTES ET DES MONUMENTS
QUI INTÉRESSENT TOUTES LES PARTIES DE L'HISTOIRE,
LE DROIT PUBLIC, L'ORIGINE DES COUTUMES DE LA PAIRIE
ET DES GRANDS VASSAUX.

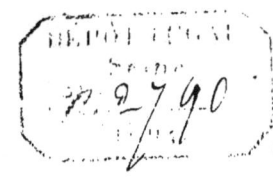

PARIS

IMPRIMERIE PILLET ET DUMOULIN

5, RUE DES GRANDS-AUGUSTINS, 5

1884

MAISON
DE BEAUREPAIRE
AU DUCHÉ DE BOURGOGNE
(PAYS DE BRESSE)

LE MANUSCRIT DE M. LAMBERT DE BARIVE,
D'APRÈS LEQUEL
LA GÉNÉALOGIE DE LA MAISON DE BEAUREPAIRE A ÉTÉ DRESSÉE,
S'ARRÊTE A L'ANNÉE 1782.

CETTE GÉNÉALOGIE A ÉTÉ CONTINUÉE JUSQU'EN 1883.

PLUSIEURS NOTES ET LES DESCENDANCES
SE RATTACHANT A LA MAISON DE BEAUREPAIRE
Y ONT ÉTÉ AJOUTÉES.

———

LE MANUSCRIT DE M. LAMBERT DE BARIVE,
DE 1786,
EST AUX ARCHIVES DU CHATEAU DE BEAUREPAIRE.

IL A ÉTÉ FAIT POUR ÊTRE PRÉSENTÉ AU ROI
PAR MONSIEUR LE DUC DE COIGNY, PREMIER ÉCUYER.

BEAUREPAIRE

Armes : d'argent au chevron d'azur.

La Maison de Beaurepaire a pris son nom des terres, seigneuries, paroisses et château de Beaurepaire, dans la Bresse chalonnaise, diocèse de Besançon, frontière de Franche-Comté.

I. Richard de BELREPAIRE, écuyer, et MARGUERITE, sa femme, reçoivent, par donation entre vifs, du vingt-huitième jour de mars 1352, à eux faite par Philippe de Vienne, sire de Pymont, et Huguette de Sainte-Croix, sa femme, dame de Pymont et de Saint-Laurent, un journal de terre situé au territoire de Belrepaire, et ce pour récompense de services à eux rendus, par ledit Richard, et aussi en considération qu'il leur a abandonné « un vergier, lisquex vergier siest derrière nostre chastel de Belrepaire[1] » et qui appartenait audit Richard. Cette donation par lettres émanées desdits seigneur et dame, et sous leurs sceaux, datées de Saint-Laurent. Il eut pour enfants :

II. 1° Guillaume de BELREPAIRE, qui suit;

---

1. Dans les temps les plus reculés et par des événements que nous ne connaissons pas, la terre de Beaurepaire, très noble et très étendue, était sortie des mains des anciens seigneurs de ce nom, pour la plus grande partie; mais un fief principal, et la tour, près du château, qui était la retraite et la défense des habitants dans les temps difficiles, culbutée, puis rebâtie en 1429, sont toujours restés dans les mains de leurs descendants.

P. 75.

2° JEHANNETTE DE BELREPAIRE, femme de GIRARD DE FLÉRON, escuyer, demeurant à Villafens, en la diocèze de Besançon.

Elle fait à son frère Guillaume la cession et transport de tous ses droits, sur les successions de ses père et mère, pour le prix de trente florins d'or, par acte du lundi après la Saint-Clément, vingt-quatrième jour du mois de novembre 1399, sur les biens meubles et immeubles par eux délaissés, ez paroisses de Broaille et de Bel-Repaire. Cet acte passé à Villafens, hôtel de ladite demoiselle et dudit seigneur de Fléron, son mari.

II. GUILLAUME DE BELREPAIRE, écuyer, est présent à la montre de la compagnie des gens d'armes de M. Hugues de Vienne, reçue à Châtillon-sur-Seine le quatrième jour de juillet 1359[1]. Il reçoit, le 24 janvier 1382, douze écus et huitième pour sa portion d'appointements, faisant partie de trois cents écus d'or, donnés par le trésorier des guerres du Roy, pour les gens de guerre de M. Louis de Sancerre, maréchal de France. Il reçoit encore, avec neuf autres écuyers de sa compagnie, à Mammers, le dernier août, cinquante livres tournois, du compte de Guillaume d'Enfernet, trésorier des guerres du Roy, du 1er mars 1382 au dernier février 1383.

Par lettres du 29 janvier 1398, émanées et sous le sceau de Margueritte de Vienne, dame de Saint-Laurent et de Cusel, il est institué son principal Gouverneur.

Guillaume de Belrepaire, Guillaume de Saubiez, Barthélemy Louvet et Jean Seigneur de Crèvecœur, sont présents à l'acte du 14 février 1406, portant quittance de cinq cents florins d'or, donnée par Étienne de Saint-Georges,

---

1. Archives de Dijon. *Inventaire de la Chambre des comptes*, vol. XXV, p. 569.

écuyer, et Guye Bouton, sa femme, au compte de six cents constitués en dot pour ladite femme, par Jean et Emart Bouton, ses frères[1].

Il avait épousé N. BOUTON[2], fille de *Philippe Bouton*, écuyer, et de *Marguerite du Fay*, sa femme, comme il en est consté par une donation faite par noble seigneur Messire Jean Bouton, chevalier, seigneur du Fay, le 6 may 1429, et par une autre donation précédente dudit seigneur du Fay du 18 may 1408 à Thibaut de Belrepaire, son cher et bien-aimé neveu, fils de Guillaume de Belrepaire, écuyer.

Guillaume de Belrepaire, Thibaut son fils et Georges de Laye, écuyers, avec Emart Bouton, chevalier seigneur de Quincey, et Lancelot de la Tournelle, comparurent au contrat de mariage, du 15 mars 1421, de Jeanne Bouton, fille de Jean Genevois Bouton, seigneur du Fay, et de Jeanne de Villers, avec Philippe, écuyer, seigneur de la Marche en Bresse[3].

Il fait acquêt : le vingt-septième jour de décembre 1422 de plusieurs corps d'héritage situés au territoire de Belrepaire, et le treizième jour du mois de décembre 1428, sur Philibert de Velleros, écuyer, de l'Étang neuf de Velleros, situé au-dessous de l'Étang de Collacuy.

Il laisse pour enfants :

III. 1° THIBAUT DE BELREPAIRE, qui suit;

2° GUILLAUME DE BELREPAIRE, prêtre, vivait en l'année 1449.

---

1. *Histoire généalogique de la maison de Bouton*, par Pierre Paillot. Dijon, 1671, in-folio, p. 74.

2. *Description générale et particulière du duché de Bourgogne*, par M. Courtépée. Dijon, 1843, t. III, p. 415.

3. *Aux preuves de l'histoire généalogique de la maison de Bouton*, par Pierre Paillot.

III. Thibaut de BELREPAIRE, écuyer, reçoit par donation du 18 mai 1408, de Jean Bouton, seigneur du Fay, son oncle, uni à Jeanne de Villers, un étang situé au territoire de Belrepaire, et vulgairement appelé l'Étang de Fontaine-Grivel, à la queue de l'Étang de Belrepaire, sous la condition que dans le cas où il décéderait sans hoirs, sortis de lui en légitime mariage, ledit étang appartiendrait à Guillaume de Belrepaire, son père, et à ses hoirs successeurs.

Il est présent : à la montre des gens d'armes, de la compagnie de messire Jean de Vienne, reçue le 14 septembre 1410, près Paris; à la montre d'armes reçue à Châtillon-sur-Seine, le 28 mai 1414, de noble et puissant damoisel Louis de Châlon; à celle reçue à Beauvais, le dernier août 1417, de Monseigneur de Montagu[1].

Le sixième jour de mai 1429, il accepte une autre donation de messire Jean Bouton, chevalier seigneur du Fay : « de tout le terrain, en terre et en bois, que l'étang dudit Thibaut, qu'il a commencé à faire au lieu dit de Couveloup, pourra comprendre en quelque manière que ce soit ».

Par lettre du 5 septembre 1429 du Chastel de Bletterans, émanée de Louis de Châlons, prince d'Orange et seigneur d'Arlay, il a permission : « d'édifier une tour saule de telle hauteur qui pourra et autour d'icelle faire fossés tels que bon lui semblera, pour lui et ses hoirs, où est à présent la maison de Guillaume de Belrepaire, son père, en nostre bourg dudit Belrepaire ».

Il est nommé avec Jean de Pollan, écuyer, exécuteur du testament, de l'an 1436, de leur oncle Jean Genevois Bouton, chevalier, seigneur du Fay et de Corbe-

---

1. Archives de Dijon. *Inventaire de la Chambre des comptes*, vol. XXV, pages 129, 157, 231.

ron, conseiller et chambellan de Philippe le Bon, duc de Bourgogne [1].

En octobre 1444, il était marié à noble demoiselle ÉTIENNETTE DE COUTOT (ou COTEL), veuve de Guillaume de Saubief.

Il était mort le 18 janvier 1449.

De son mariage sont issus :

IV. 1° JACQUES DE BELREPAIRE, qui suit;

 2° GILBERT DE BELREPAIRE qui, avec Antoine de la Pallu, bailly de Bresse, chevalier; Étienne Morel, évêque de Maurienne; Philippe Bouton, seigneur du Fay, conseiller au Parlement de Bourgogne, et Jean Rollin, abbé de Saint-Martin d'Autun, furent, en 1489, nommés arbitres du différend d'entre Lourdin de Saligny et Jean de Coligny, seigneur de Coligny et d'Andelot, au sujet de la succession d'Étienne d'Andelot, seigneur de Cressia [2]. Il est encore présent à une transaction du 10 mai 1492, relative au même différend [3];

 3° JEANNE DE BELREPAIRE;

 4° JEHAN DE BELREPAIRE, écuyer, présent à une montre d'armes de 1476 [4]. Avec demoiselle MARGUERITE FAULQUIER, sa femme, fille de noble homme *Pierre Faulquier* et de *Jehanne de Montmorel*, donnent quittance, du 9 avril 1490, d'une somme de trois cents florins, reçue de noble homme Louis de Montmorel, leur oncle.

 Il est père de :

V. CLAUDE DE BELREPAIRE, femme de DENYS DU

---

1. *Histoire généalogique de la maison de Bouton*, par Pierre Paillot.
2. *Idem.*
3. *Aux preuves de l'histoire généalogique de la maison de Coligny*, p. 1144.
4. Archives de Dijon. *Inventaire de la Chambre des comptes*, vol. XXVIII, p. 945.

P. 76.   PERRIER, écuyer, accepte la succession de Humbert de Belrepaire, son oncle, sous le bénéfice d'inventaire, 2 juin 1518.

5° HUMBERT DE BELREPAIRE, dit Credo, écuyer, vivait en 1480, avait épousé CATHERINE DE MONTBREU, fille de feu *Arthold de Montbreu*. N'a pas laissé d'enfant, et eut pour héritière sa nièce Claude;

6° GUILLAUME DE BELREPAIRE, écuyer, vivait en 1489;

7° ANDRÉ DE BELREPAIRE;

8° JEAN DE BELREPAIRE.

IV. JACQUES DE BEAULREPAIRE, seigneur DE BEAULREPAIRE, DE CHICHEVIÈRES, baron DE SAILLENARD, fait aveu et fournit dénombrement du 9 avril après Pâques 1455, à noble homme Jean Lemaire, seigneur de Marcilly et de Chatel-Renaud, d'un meix de terre assis au territoire de Courcelles et de la Faye, anciennement le meix de Borle.

Il était « chief de chambre et lieutenant d'une dixsenne d'hommes d'armes et gens de traits à cheval de la compagnie de messire Claude de Dampmartin, seigneur de Bellefond, dont la montre fut faite, au lieu de Dampierre, le vingt-sixième jour du mois de février 1471, devant Charles, seigneur de Ternant, Claude, seigneur d'Inteville, et Jean de Saubief, écuyer d'écurie de Monseigneur le comte de Bourgogne, à ce par lui commis [1] ».

Noble homme messire Jacques de Beaulrepaire, sa femme et ses fils obtiennent : « par lettres du dixième jour de novembre 1475, l'an IV du Pontificat de

---

1. Archives de Dijon. *Inventaire de la Chambre des comptes*, vol. XXVIII, p. 913.

Sixte IV, émanées et sous le sceau d'Alexandre, par la grâce de Dieu et du Saint-Siège, évêque légat, *a latere*, en France, permission de faire célébrer la messe en lieu déçent, par un prêtre ydoine, sur un autel portatif, même avant que le jour n'ait paru, et quand ledit lieu serait soumis à l'interdiction par l'évêque diocésain ».

Jacques de Beaulrepaire était mort en 1506. Demoiselle CLAUDE DE CHEVALOT, dame de VORNES et de MAGNY (en partie), sa veuve, fait donation entre vifs, du deuxième jour de décembre 1421, au profit de noble Claude de Beaulrepaire, son fils, en contemplation de son mariage arrêté avec demoiselle Guillemette de Salins, de tous ses biens meubles et immeubles, seigneuries et chevances, présents et à venir, sous la réserve de l'usufruit de tout, sa vie durant.

Ils ont pour enfants :

V. 1° JEAN DE BEAULREPAIRE, écuyer en 1503, confesse tenir la maison de Beaulrepaire en franc alleu avec certain domaine et un revenu de deniers, grains, gelines, dixmes, étang qui peut valoir soixante livres. Tient au lieu de Chichevières en fief de M. de Colaou, à cause de Beaulrepaire, tant en hommes, gelines, corvées que autre chose en justice moyenne et basse. Tient en fief des seigneurs et dame de Savigny, la moitié de l'étang de Villéron et sans justice. Tient en fief le village de Villéron et toute justice à rachat. Plus, tient en franc alleu, au lieu de Cuiseau, certaine maison, cens, rentes et héritage; plus certaines autres rentes au lieu de Louans, Saint-Germain et en la paroisse de Salley; il dit être chargé de son père qui est infirme, sa mère, ses frères et ses sœurs, au nombre de sept[1].

---

1. Archives de Dijon. *Inventaire de la Chambre des comptes*, vol. II, fol. 212.

2° CLAUDE DE BEAULREPAIRE, qui suit;

3° LANCELOT DE BEAULREPAIRE;

4° JEANNE DE BEAULREPAIRE, épouse CLAUDE DE FRANGEY, l'ancien[1];

5° CATHERINE DE BEAULREPAIRE, religieuse à Molaise, en 1507;

6° PHELIPOTE DE BEAULREPAIRE.

V. CLAUDE DE BEAULREPAIRE, seigneur DE BEAULREPAIRE, DE CHICHEVIÈRES et DE VORNES, et Jean de Beaulrepaire, son frère, furent du nombre des gentilshommes assaillans qui se trouvèrent, en 1519, au pas, ou fête d'armes qui fut donnée, cette année aux fêtes de Noël, par Philibert de Chalon, prince d'Orange, dans son château de Nozeroy[2].

Il épouse, par acte passé au château et maison-fort de Beaulrepaire le 28 décembre 1521, demoiselle GUILLEMETTE DE SALINS, fille de *Claude de Salins*, chevalier, seigneur de *Vincelles*, bailly du Charolais, écuyer tranchant et capitaine des archers de la garde de Philippe, archiduc d'Autriche, et de *Jeanne de la Roche-Baron* morte en 1508[3].

Il épousa en secondes noces, le 4 juillet 1532, demoiselle PHILIBERTE DU PIN, veuve de Pierre de Montaigu, mort au commencement de 1529, fille de *Claude du Pin*, seigneur de *Pymont*, et de *Marguerite de Francières*[4].

Il était mort en 1548.

Il eut de son premier mariage :

VI. 1° JEHAN DE BEAULREPAIRE. Par traité du 4 avril 1549

---

1. Archives de Dijon. *Inventaire de la Chambre des comptes*, vol. X, p. 368.

2. *Histoire du comté de Bourgogne*, par Dunod, vol. III.

3. *Histoire généalogique des anciens sires de Salins*, par l'abbé Guillaume.

4. *Dictionnaire géographique, historique et statistique des communes de Franche-Comté*, par A. Rousset, t. IV, p. 218.

il eut dans la succession de ses père et mère, la seigneurie de Vorne, terre de Chaussin, Petitois (ou Perollois), la Chassagne, Fay, Fontenay...., étant tant, au vicomté d'Auxonne qu'au comté de Bourgogne; il doit acquitter les deniers dotaux promis à demoiselle Philiberte de Beaulrepaire, sa sœur, femme de noble Laurent de Montagu, aux termes de leur contrat de mariage. Il était prisonnier de guerre en 1554[1].

En 1569 on le dit capitaine d'une certaine compagnie levée par ordre du seigneur de Vantoux et de Torpes[2].

D'après les lettres du 26 octobre 1575, du comte de Charny, lieutenant général pour le roi au gouvernement de Bourgogne et grand écuyer de France, il servait, avec son frère le sieur de Chichevières, près la personne du lieutenant général, pour être employé aux occasions qui s'offriraient en ce pays de Bourgogne pour le service de Sa Majesté.

Il fut marié avec JEANNE DE LANTENNE[3] dont il eut deux filles :

VII. 1° JEANNE DE BEAULREPAIRE[3] épouse : 1° le 10 juillet 1594, GUILLAUME DE MONTAGUT, sieur de MOYRON; 2° le sieur du PRA. Elle est héritière de Jean de Lantenne, son oncle, le dernier de cette maison[4];

2° PHILIBERTE DE BEAULREPAIRE, épouse PHILIPPE

---

1. Archives de Dijon. *Extrait de l'inventaire de la Chambre des comptes*, vol. XXVIII, p. 1120.

2. Archives de Dijon. *Extrait de l'inventaire de la Chambre des comptes*, vol. XXVIII, p. 651.

3. Est nommée Etiennette, par F.-F. Chevalier. *Mémoires historiques de la ville et seigneurie de Poligny*, t. II, p. 394.

4. Une note aux archives du château de Beaurepaire dit qu'elle fut mariée dans la maison de *Montrichard*. A. Rousset, dans son *Dictionnaire généalogique, historique et statistique des communes de Franche-Comté*, t. I, p. 15, et Labbey de Billy, *Histoire de l'université de Bourgogne*, t. II, p. 129, lui donnent également pour mari un Montrichard.

P. 83.

DE SOLON [1], seigneur en partie de GAMAY. Elle avait deux fils au service du roi, l'un homme d'armes de la compagnie de monseigneur de Vandemont, et l'autre de la compagnie de monseigneur de Listenay, 1568-1569 [2].

P. 84.
P. 85.

2° PHILIBERTE DE BEAULREPAIRE, épouse noble LAURENT de MONTAGU ou MONTIGNY [3].

Il a de son second mariage :

3° JEAN DE BEAULREPAIRE, *le jeune*, était mineur le 1ᵉʳ avril 1548. Par le partage de 1558, il a les moyenne et basse justices avec toutes les rentes et redevances, biens et droits situés et assis aux lieux de Chardenières et les Blans, finage et paroisse du Fay, pareille nature de biens et droits aux Beslay, Courcelles et leurs territoires, la moitié des fossés de Chastelregnaud, tous les cens, rentes et revenus des villages et territoires de Chilley, Savigny-en-Revermont, Bonnaud, les prés de Savigny, les cens, rentes et revenus des lieux de Frebuans, Larnaud, Villevieux, Bletterans, Rellans, Desnaux, Lombard, Arlay, Saint-Germain, Saint-Martin, Quintigny; maisons, prés et terres à Arbois et généralement tous les biens, rentes et revenus situés au duché de Bourgogne. Il reste chargé de la moitié de la pension de dom Jacques de Beaulrepaire, religieux à Baulme;

4° JACQUES DE BEAULREPAIRE, était religieux au chapitre noble de Saint-Pierre de Baulme en Franche-Comté en 1549, et prieur de Saint-Adegrain en 1591 [4];

5° FRANÇOIS DE BEAULREPAIRE, qui suit;

---

1. Une note aux archives du château de Beaurepaire dit qu'elle fut mariée dans la maison de Pra-Balessaux.
2. Archives de Dijon. *Extrait de l'inventaire de la Chambre des comptes*, vol. XXVIII, p. 645.
3. Archives de Dijon. *Extrait de l'inventaire de la Chambre des comptes*. Vol. XXVIII, p. 1117.
4. Archives départementales du Jura. *Fonds de l'abbaye de Beaume.*

6° Collette de BEAULREPAIRE, était religieuse en 1558;

7° Jehanne de BEAULREPAIRE, épouse noble Olivier de DURESTAL. Elle était morte le 16 mai 1597.   P. 86.

VI. François de BEAULREPAIRE, seigneur de Beaulrepaire et de Chichevières, était mineur le 1ᵉʳ avril 1548.

A la suite du partage du onzième jour de may 1558, il resta propriétaire de la maison-fort de Beaulrepaire, avec ses fonds, fossés, cours, jardins; de la Maison-Rouge assise au même lieu, sa grange et dépendances; de la maison Bedes au même lieu et ce qui lui est annexé, terres, prés, bois, buissons; et tous les droits dans l'étendue du territoire et paroisse de Beaulrepaire; il doit les frais nécessaires pour l'entrée en religion et la pension de dame Colette, sa sœur; l'entretien de demoiselle Jehanne aussi sa sœur, et la moitié de la pension annuelle assignée à Dom Jacques de Beaulrepaire, religieux en l'abbaye de Baulme.

Il est présent au contrat de mariage du 23 aoust 1564 de Claude Bouton, seigneur du Fay, avec Anne de Montconys. Cette femme étant morte, Claude Bouton prit une seconde alliance avec Anne de Plaines, par contrat du 5 décembre 1570, et ledit François, seigneur de Beaulrepaire, comparut encore comme parent [1].

Le 15 mai 1571, il vendit portion de la terre et seigneurie de Magny, vulgairement appelée la seigneurie de Beaulrepaire, à messire Philibert Jaquot, seigneur de Neuilly et de Maigny [2].

Il reprit de fief, le 5 mars 1572, d'illustre prince Ludovic de Nassau, pour les biens par lui acquis dans la portion de justice dudit prince de Nassau à Beaulrepaire.

---

[1]. *Histoire de la maison de Bouton*, par Pierre Paillot. Dijon, 1671, p. 183.

[2]. Archives de Dijon. *Extrait de l'inventaire de la Chambre des comptes*, vol. VII, p. 303.

Par lettres du vingt-sixième jour d'octobre 1574 émanées de Monseigneur le comte de Charny et de Buzançois, lieutenant général pour le Roi au gouvernement de Bourgogne, il est mandé et retenu près de sa personne pour être employé aux occasions qui se présenteront en ce pays pour le service de Sa Majesté.

Au mois de décembre 1575, il était encore en service personnel auprès du comte de Charny et pour cela exempté de contributions sur ce qu'il possède à Beaulrepaire.

Il épouse, par contrat du quinzième jour de septembre 1587, devant Jehan Crestin, de Cuyseaul, notaire royal garde-note, JEANNE-FRANÇOISE DE BRANCION [1], fille de furent noble seigneur *Valentin de Brancion,* seigneur *de Charney,* qui avait épousé le 1er octobre 1551 *Isabeau de Montconis*, fille de Jean de Montconis, chevalier seigneur dudit lieu, échanson de la reine de France, et de Colette de Lugny [2], ses père et mère; procédante des autorités, avis et conseils de nobles seigneurs Philibert et Loys de Brancion, ses frères; de noble seigneur Guillaume de Chauçin, seigneur de Beauchamp, son cousin, ayant charge expresse et pouvoir pour traiter ledit mariage; de noble seigneur Jean de Montconis, seigneur dudit lieu, oncle et curateur de ladite demoiselle; de noble Guillaume de Villers, seigneur de Gellan, chevalier de l'ordre de Saint-Jean de Jérusalem; et de noble Claude de Villers, seigneur de Civrey, ses cousins; par lequel ledit seigneur futur fait, à ladite demoiselle future, donation entre vifs et universelle de tous ses biens, meubles et immeubles présents et à venir,

---

1. *Description générale et particulière du duché de Bourgogne,* par M. Courtépée, t. III, p. 415.
2. *Histoire généalogique des anciens sires de Salins,* par l'abbé Guillaume.

ne s'en réservant que l'usufruit si il survit, et voulant qu'en cas qu'il ait des enfants dudit mariage, lesdits biens leur demeurent ; sinon qu'ils passent et soyent propres à ladite demoiselle future et à ses héritiers ; lui accordant en outre cent écus soleil, au fin de soixante sols tournois l'écu, pour son douaire; plus son habitation dans la maison seigneuriale, où ils résideront, meublée convenablement, et des bagues et joyaux en valeur de deux cents écus. Lesdits seigneurs de Brancion, frères de ladite demoiselle future, lui constituent en dot trois cent trente-trois écus et tiert valant quatre mille livres, pour ses droits paternels aux termes du testament de leur père commun ; plus six cent soixante-six écus deux tierts à elle constitués et légués par la dite demoiselle de Montconis, sa mère, valant deux mille livres, pour ses droits dans la succession de noble seigneur Lazare de Brancion, sieur de Saint-André, son oncle ; et encore cinq cents écus valant cent cinquante livres, à elle légués par noble seigneur Jehan de Brancion, aussi son oncle, qui résidait et avait ses biens au pays de Flandre. Ce contrat passé audit Cuyseaul, en la maison dudit seigneur Loys de Brancion, ez présence dudit seigneur de Beauchamp, de noble et religieuse personne Jacques de Beaulrepaire, prieur de Saint-Adegrin, frère dudit seigneur futur, nobles, Loys de Nave, seigneur dudit lieu, Guillaume de Poligny, seigneur de Conges ; nobles seigneurs, Aymé de Salins, seigneur de Tours et Vincelles, Guillaume de la Tour, seigneur de Jousseaul, Charles de Persinville, Guillaume de Montagut, écuyer, seigneur de Moyron...

François de Beaulrepaire et Jeanne Françoise de Brancion, sa femme, étant morts en 1597, la tutelle de leurs enfants fut donnée, par acte passé à Chalon le onzième jour d'avril 1598, à noble François de Durestal, leur cousin germain ; à nobles, Philibert de Brancion, seigneur de Charnay, et Loys de Brancion, seigneur de Visargent, leurs oncles maternels.

Ils laissent :

VII. 1° Philibert de BEAULREPAIRE, qui suit;

2° Jean-Baptiste de BEAULREPAIRE, avait cinq ans en 1597. Suivant le procès-verbal du 28 février 1610, présenté par MM. de Brancion, ses oncles, et en présence de noble Philibert de Beaulrepaire, son frère, il fut admis au monastère des religieux nobles de l'abbaye de Baulme, ordre de Cluny, diocèse de Besançon, et y prit l'habit avec toutes les cérémonies d'usage et après la confection des preuves testamoniales de sa noblesse, des quatre lignes tant paternelles que maternelles, jurées par ses parents et gentilshommes dénommés. Il exerçait l'office de réfectorier en 1627 [1];

3° Guillaume de BEAULREPAIRE, avait quatre ans en 1597.

VII. Philibert de BEAUREPAIRE, seigneur et baron de Beaurepaire, Chichevières, Ognat, Villerots, avait huit ans en 1597.

Par lettres du 30 juin 1614 et 30 mai 1622, il est convoqué aux assemblées des pays et comté d'Auxonne, qui doivent avoir lieu en la ville d'Auxonne les 1er septembre 1614 et 4 juillet 1622.

Il épouse Antoinette de SCEY, morte en 1617, fille de *Pierre de Scey*, chevalier, seigneur de *Buthier, Pin, Beaumotte, Emagny*, mort en 1597, et de *Anne de Poligny,* son épouse, fille de Joachim de Poligny,

---

1. Archives départementales du Jura. *Fonds de l'abbaye de Beaume.*

seigneur de Chatillon-sur-Lison, et d'Anne de Montrichard[1].

Il épouse en secondes noces, par contrat du vingt-quatrième jour de janvier 1620, demoiselle NICOLE d'UGNY, fille de généreux seigneur *François d'Ugny*, seigneur d'*Ognat, Lachaux, Varey*..., et de dame *Renée de Laubespin*, sa femme, ses père et mère. Ledit seigneur d'Ugny stipulant pour lesdites dame et demoiselle, avec promesse de leur faire consentir et ratifier ledit contrat. Assisté ledit seigneur futur et des avis de noble Philibert de Brancion, seigneur de la Sarre, Cleriadus de Montaigu, seigneur d'Athouse, Moyron..., Claude de Brancion, seigneur de Visargent, Marc de Vy, seigneur d'Acolans..., tous ses parents ; et ledit seigneur de Lachaux aussi assisté de noble frère Claude d'Ugny, commandeur de Laumus, Morterat...; par lequel ledit seigneur futur se constitue tous ses biens. Ledit seigneur de Lachaux donne en dot à la dite demoiselle future, sa fille, la somme de mille deux cents livres, pour acquit de laquelle il lui relâche une chevance noble appelée la Chevance d'Autrizat, située à Chastillon, une maison audit lieu, le four banal, les dixmes, cens et domaines dépendant de ladite chevance, plus des carquands et perles en valeur de neuf cents livres et des habits jusqu'à cinq cents livres. Accorde ledit seigneur futur à ladite demoiselle future de bons et suffisans joyaulx nuptiaux du prix de mille deux cents livres qui lui seront propres, et si elle survit elle aura son habitation dans une maison dudit seigneur futur, meublée selon son estat et quatre cents livres de rente annuelle et viagère pour son douaire. Ledit contrat passé à Lons-le-Saunier en la maison d'habi-

---

[1]. *Histoire des anciens sires de Salins*, par l'abbé Guillaume.

tation dudit seigneur d'Ugny, devant Claude Courvoisier, notaire royal.

Le 16 janvier 1624, François d'Ugny fait promesse par laquelle il donne la terre de Chatillon à messire Philibert de Beaurepaire, son beau-fils, et à Nicole d'Ugny, sa fille.

En 1628, il achète par échange du prince de Lambect, prince palatin du Rhin, et d'Amélie, princesse de Nassau, sa femme, la portion de terre et seigneurie de Beaurepaire appartenant aux susdits prince et princesse, et dès lors lui et ses successeurs ont seuls joui de cette terre.

Il autorise demoiselles Barbe et Renée de Beaurepaire, ses filles, à accepter la donation entre vifs, du 25 mars 1632, à elles faite par dame Antoinette de Montconis de Bellefond, religieuse professe en l'abbaye de Sainte-Claire de Lons-le-Saunier, des autorité et consentement des dames abbesse et religieuses de ladite abbaye, de la maison appartenant à ladite dame donatrice, construite de fond en comble par messieurs ses parents, ensemble de tous les meubles y étant, pour lesdites demoiselles donataires, jouir de tout après sa mort, au cas qu'elles ou l'une d'elles fassent profession en ladite abbaye.

Il reçoit un certificat, du 1er décembre 1635, émané d'Henri du Blé, baron d'Uxelles, député pour la conduite de la noblesse du bailliage de Chalon-sur-Saône, portant qu'il a servi le Roi, en son armée de Lorraine, sous le commandement de monseigneur le comte de Soissons, en l'équipage de trois chevaux de service et un de bagage, tout le temps que la noblesse convoquée par les bans et arrière-bans, tant du Chalonais que des autres bailliages de Bourgogne, a été dans le pays de Lorraine. Il servit encore utilement le Roi dans la guerre qui commença en 1636 sur les frontières du comté et duché de Bourgogne.

Nommé alcade de la noblesse des États généraux de la vicomté d'Auxonne, présidés par monseigneur le prince de Condé, le 3 mars 1636[1], il fut chargé d'en exercer les fonctions conjointement avec M. de Grosbois.

Philibert de Beaurepaire, et de son autorité dame Nicole d'Ugny, sa femme, disposant conjointement, font leur testament du dernier jour de may 1639, devant Antoine Boyteux, demeurant à la Chapelle-Saint-Saulveur, et Pierre Pognet, de Varey, notaires royaux, par lequel disposant conjointement et voulant, en cas de mort de l'un d'eux, pourvoir à l'administration des personnes et biens de leurs enfants, leur nomment et instituent pour tuteur le survivant de l'un d'eux et pour curateur Claude de Brancion-Visargent, seigneur et baron dudit lieu, et Remy de Montconys, seigneur et baron dudit lieu, cousins germains du seigneur testateur. Lui et ladite dame prohibent toute reddition de compte et toute autre dation de tutelle. Le survivant d'eux est chargé de nourrir, entretenir et placer les enfans suivant leur état et condition. Ce testament passé au château de Varey.

Le marquis de Villeroy envoya le 25 août 1639 le marquis de Coligny et M. de Beaurepaire, pour s'emparer du château de Chamberia où étaient enfermés M. de la Villette et M. Jeannin, de Lons-le-Saunier, lieutenant général du bailli d'Aval au siège de Montmorot, qui depuis longtemps dirigeaient des courses fatales à l'armée française. Ces messieurs se rendirent,

---

1. *Description générale et particulière du duché de Bourgogne*, par M. Courtépée. Dijon, 1848, t. III, p. 415.

la garnison comtoise sortit avec armes et bagages et fut remplacée par une garnison française [1].

Philibert de Beaulrepaire, par lettres du Roi, qui le qualifie son Cher et Bien-Aimé, obtient en considération de ses services une gratification de mille cinq cents livres à prendre sur pareille somme léguée par Charles d'Ugnie, baron de Lachaux, et Varey, son beau-frère, à Christophe d'Ugnie, demeurant à Montigny au comté de Bourgogne; cette somme ayant été confisquée et adjugée à Sa Majesté parce qu'il avait porté les armes contre la France en servant dans le parti du roi d'Espagne. (Ces lettres datées de Saint-Germain en Laye, le 31 décembre 1640.)

Le 26 juillet 1641, François d'Ugnie fait son testament, par lequel il fait un legs à François de Beaurepaire, son petit-fils et filleul; et son héritière universelle, dame Nicole d'Ugnie, sa bien-aimée fille, femme de Philibert de Beaurepaire.

Dame Nicole d'Ugnie, dame de Varey, Lachaux, Ognat, fait son testament, le vingt-huitième jour du mois d'avril 1642, devant Pierre Robins, notaire, tabellion royal, garde-notes héréditaire, demeurant à Ambournay, par lequel elle élit sa sépulture en l'église de Saint-Jean-le-Vieux, au tombeau de ses prédécesseurs, fait divers fondations et legs pieux en plusieurs églises, notamment en celle de Beaulrepaire; institue demoiselles Renée, Jehanne, Claude, Marie, Béatrix et Charlotte, ses filles, ses héritières particulières dans une somme de mille livres chacune, si elles se font religieuses et dans celle de trois mille livres aussi chacune pour celles qui se marieront; lègue aussi en forme d'insti-

---

1. *Dictionnaire géographique, historique et statistique des communes de Franche-Comté*, par A. Rousset, t. I, p. 403.

tution à demoiselle Anne, aussi sa fille, sept mille livres et trois cents livres pour ses habits de noce au cas où elle se marie, et, si elle est religieuse, son legs sera réduit à ladite somme de mille livres. Institue noble Joachim de Beaurepaire, son premier fils, son héritier particulier dans tous les acquêts faits sur le prince d'Orange, dans le détroit de la terre de Beaulrepaire, plus dans la chevance d'Autrissel, le chargeant de l'acquit de ce qu'elle doit sur ces objets. Lègue au seigneur de Beaurepaire, son très cher mari, les fruits et usufruits de tous ses biens, aux charges qu'elle prescrit, et institue, pour son héritier universel, noble François de Beaulrepaire, son fils, le chargeant de l'acquit de ses dettes, et lui substitue, dans les terres de Varey et d'Ognat, son premier fils, puis le second, etc..., voulant que, dans le cas où l'un et les autres décéderont sans enfant, ledit Joachim recueille cette substitution et après lui ses sœurs. Ce testament fait au château de Varey.

Reprise de fief et dénombrement du 15 avril 1644 de la seigneurie de Varey et Jujurieux par Philibert de Beaurepaire, seigneur dudit lieu et de la Chaux, et dame Nicole d'Ugnie, sa femme[1].

Nicole d'Ugnie était morte en 1646.

Philibert de Beaulrepaire fait son testament le 1er septembre 1648.

Par lettre du dernier février 1650, il est convoqué aux États généraux du duché de Bourgogne, dont l'ouverture est indiquée, à Dijon, au 24 mai suivant.

Il achète le 24 juin 1651 la terre des Villerots, membres et dépendances pour la somme de huit mille livres.

---

1. *Histoire du château de Varey en Bugey,* par Aimé Vingtrinier. Lyon, 1872, p. 88.

Il est père de :

VIII. 1° RENÉE DE BEAULREPAIRE, âgée de dix-sept ans en 1639. Elle fut religieuse en la maison des Chartreuses de Salette, en Dauphiné;

2° JEANNE DE BEAULREPAIRE, âgée de seize ans en 1639. Religieuse au couvent de Sainte-Ursule de Seurre, le 3 février 1647; elle y était encore en 1662;

3° JOACHIM DE BEAULREPAIRE, qui suit;

4° CLAUDINE DE BEAULREPAIRE, âgée de douze ans en 1639. Religieuse au couvent de Sainte-Ursule de Seurre, le 3 février 1647; elle y était encore en 1662;

5° ANNE DE BEAULREPAIRE, âgée de sept ans en 1639. Religieuse au couvent de Sainte-Ursule de Seurre, le 3 février 1647; elle y était encore en 1662;

6° BÉATRIX DE BEAULREPAIRE, âgée de cinq ans en 1639. Religieuse en la maison de la Salette, en Dauphiné, le 21 juin 1652;

7° CHARLOTTE DE BEAULREPAIRE, âgée de quatre ans en 1639. Religieuse en la maison de la Salette en Dauphiné, le 8 décembre 1653;

8° FRANÇOIS-EMMANUEL DE BEAULREPAIRE, seigneur et baron de VAREY, âgé de trois ans en 1639. Etait, en 1673, religieux du tiers-ordre de Saint-François au couvent de Saint-Louis-lez-Lyon;

9° BARBE DE BEAULREPAIRE, destinée à être religieuse à l'abbaye de Sainte-Claire de Lons-le-Saulnier, reçoit une donation le 25 mars 1632;

10° MARIE DE BEAULREPAIRE. Elle était religieuse à Seurre, dans le couvent des Ursulines, le 9 janvier 1662.

VIII. Joachim de BEAUREPAIRE, seigneur et baron de Beaurepaire, les Villerots, les Répos, Ratte, Quintigny, Saillenard, Chichevière, Varey, Ognat, était âgé de quinze ans en 1639.

Peu avant l'année 1651, il fait l'acquisition de la terre des Répos.

Il épouse, par contrat passé au château de Mattafelon, le dix-huitième jour du mois de décembre 1651, demoiselle Claudine de TOCQUET de MONTGEFFON, fille de fut *François de Tocquet,* écuyer, seigneur et baron de *Monteffon, Mattafelon, Aspremont* et de dame *Louise de Malivert de Conflans.*

Procédant, savoir : ledit Joachim de Beaurepaire, par ledit seigneur baron de Beaurepaire, son père, et ladite demoiselle future des autorité et consentement de dame sa mère et curatrice, et de Claude de Tocquet, écuyer, seigneur et baron de Montgeffon, Mattafelon..., son frère; par lequel lesdits dame mère et frère de la future lui constituent en dot la somme de trente mille livres pour ses droits paternels, réglés par le testament dudit seigneur, son père, du 2 mars 1649, ses droits maternels à échoir demeurant réservés; plus lui donnent des habits nuptiaux. Ledit sieur baron de Beaurepaire constitue audit sieur, son fils, la moitié de sa terre, baronnie et seigneurie de Beaurepaire, droits et dépendances, sans autre réserve que la rente de Villerots, terre par lui acquise depuis peu de temps, à la charge d'acquitter la moitié de ses dettes anciennes, et le quart de celles qu'il a contractées durant sa communauté avec feue dame son épouse; des biens de laquelle, savoir : les terres de Varey, l'Aubepin, Châtillon, la Chevance d'Autrizet, et Perrigny, ledit sieur abandonne la jouissance audit sieur futur, sous différentes conditions; entre autres : d'acquitter les dotations de quatre de ses sœurs, religieuses professes, et les pensions de deux autres sœurs qui ne sont ni religieuses, ni mariées, de fournir à leur entretien et de leur faire une dot de mille livres pour chacune; charge en outre le même sieur futur de payer trois cents livres de pension annuelle à François de Beaurepaire, son frère, auquel il sera tenu de relâcher les jouissances des terres d'Ognat, Varez, l'Aubespin... si et dans le moment que le dit sieur, leur père, l'exigera ; accorde, ledit sieur futur, à ladite demoiselle future, un augment en valeur de la moitié de sa dot constituée, plus trois mille livres pour ses bagues et joyaux.

Souffrance accordée le 5 décembre 1656 à Joachim et François de Beaurepaire, écuyers, fils et cohéritiers des feu messire Philibert de Beaurepaire et de dame Nicole d'Ugnie, son épouse, pour reprise de fief de la seigneurie de Varey, à cause du procès qu'ils ont pendant au Grand-Conseil pour raison de la terre de Varey, lequel empêche le partage des biens à eux délaissés par leur père et mère[1].

Par lettre du 10 avril 1665, il est convoqué à l'assemblée des États généraux du duché de Bourgogne, indiquée par Sa Majesté, en sa ville de Dijon, au 16 mai suivant, et nommé commissaire avec les sieurs de Roche, de Musigny, de Pradines, de Bragny et de Sercey, pour passer un mois dans chacune des principales villes de la province pour recevoir les preuves des aspirants à la Chambre, « jalouse de la conservation de la pureté de son corps et pour empescher qu'à l'advenir, aucune personne qui ne soit

---

[1]. *Histoire du château de Varey en Bugey,* par Aimé Vingtrinier. Lyon, 1872, p. 88.

pas de qualité requise puisse entrer¹ ». Il reçoit une seconde lettre aux mêmes fins le 30 mars 1671.

Reprise de fief et dénombrement des 18 novembre 1665 et 30 janvier 1666 de la terre et seigneurie de Varey par Joachim de Beaurepaire, écuyer, à lui échue par le décès de dame Nicole d'Ugnie, sa mère². Vers l'an 1670, il fait l'acquisition de la terre de Quintigny, d'Alexandre de Fauchier, de Genève, marquis de Lullin³.

Il reçut, le 9 juin 1672, de dame Louise de Rabutin, comtesse de Chigy, les foy et hommage pour le fief de Roche, que ladite dame possédait, mouvant dudit sieur Joachim de Beaurepaire, à cause de sa seigneurie de Saillenard, et ladite dame de Tocquet reprit le fief à la chambre des comptes de Dijon, le 18 décembre 1676.

Le 21 mai 1673, il fait une donation entre vifs au profit des gardiens et religieux du tiers ordre de Saint-François, au couvent de Saint-Louis-lez-Lion, par laquelle, mû de dévotion et voulant reconnaître les miséricordes que Dieu lui a faites, et à sa maison, et témoigner l'amour qu'il porte au frère François-Emmanuel de Varey, son frère, religieux dudit tiers ordre, ainsi qu'à tous les pères et religieux de l'ordre, et désirant leur en donner les marques sensibles, pour lui, ses hoirs et ayants cause, a donné et donne par cette, purement et perpétuellement, aux révérends pères de l'ordre, la somme de dix mille

---

1. *La Noblesse aux États de Bourgogne*, par Beaune et d'Arbaumont. Dijon, Lamarche, 1864, p. LXXXIV, délibérations t. XLVIII, fol. 231, v.

2. *Histoire du château de Varey en Bugey*, par Aimé Vingtrinier. Lyon, 1872, p. 88.

3. *Dictionnaire géographique, historique et statistique des communes de Franche-Comté*, par A. Rousset, t. V, p. 387.

cinq cents francs, monnaye du comté de Bourgogne, à charge par les révérends pères d'employer cette somme pour commencer un hospice au couvent de l'ordre, à condition par les révérends pères, qui séjourneront dans l'hospice ou couvent, dire et célébrer annuellement et perpétuellement : sept messes au nom de la sainte Trinité; sept autres messes au nom de Jésus; autres sept à l'honneur de la sainte Vierge, sept à l'honneur de saint Joseph, sept à l'honneur de saint François, sept à l'honneur de sainte Anne, et finalement sept à l'honneur de saint Joachim, le tout à l'intention du sieur donateur, et de plus que ledit hospice ou couvent soit placé sous le vocable de l'Assomption de la sainte Vierge. Signé : Perchet, notaire.

Le monastère et l'église des Pères du tiers ordre de Saint-François de la Guillotière, à Lyon, qui ont été bâtis à ses frais, et dont les armes sont partout, sont un témoignage de sa piété.

Le 16 mai 1674, il reçoit une lettre ainsi conçue :

« Monsieur, j'ai appris avec beaucoup de joye les diligences que vous avez faites pour donner avis à M. de Saignes, de la résolution qu'avoit prise la garnison de Lons-le-Saulnier. J'ai informé la cour des témoignages d'affection que vous donnez en toutes rencontres pour le service du Roy, vous assurant que je ne perderay point d'occasions de vous marquer combien je suis, Monsieur, votre très humble et très obéissant serviteur. Signée : Le duc de Navailles. »

Dame Claude de Tocquet de Montgeffon, veuve du [24 [décembre 1674, est nommée, par acte du 16 janvier 1675, passé en la ville de Chalon, tutrice de ses enfants, et leur tutelle consulaire est donnée à messire Claude de Montgeffon, écuyer, baron de

Meximieux, leur oncle maternel, et ce sur l'avis de leurs parents, qui sont :

Pierre de Montjouvent, baron de Bonard, cousin issu de germain; Gaspard de Pra, écuyer, seigneur de Balessaux, capitaine de cavalerie au régiment de Monsieur, cousin au même degré; messire Pierre du Pin, écuyer, seigneur de Jousseau, aussi cousin; messire Marie de Montaigu, écuyer, seigneur et baron de Boutavant, cousin; Humbert de Brancion, seigneur de Visargent; François de Fussey, seigneur de Serigny; Benoît de Fussey, écuyer, seigneur de Durestal, tous cousins.

Reprise de fief et dénombrement des 30 décembre 1675 et 19 décembre 1676, de la seigneurie de Varey, par dame Claude de Montgeffon, veuve de Joachim de Beaurepaire, écuyer, en qualité de mère et tutrice de leurs enfants [1].

Elle fait hommage au Roi, en sa Chambre des comptes de Bourgogne et Bresse, le 26 janvier 1677, des terres et seigneuries de Beaurepaire et de Saillenard, situées au bailliage de Chalon, mouvant de Sa Majesté, à cause de son duché de Bourgogne. Le 18 décembre précédent, elle avait fourni dénombrement, en la même Chambre des comptes, par lequel elle reconnaît tenir et porter du seigneur Roi, les tours, seigneurie et maison-fort de Beaurepaire en toutes justices, haute, moyenne et basse, avec pouvoir d'instituer et destituer toutes sortes d'officiers, comme juge, greffier, procureur d'office, messiers et forestiers; faire exploiter et amender à son profit, déclarant que ladite seigneurie consiste en la maison-fort,

---

[1]. *Histoire du château de Varey en Bugey*, par Aimé Vingtrinier. Lyon, 1872, p. 88.

cours, écuries, grange entourées de fossés, avec la place et le jardin joignant ladite maison; la rente noble d'environ deux cent une livres en argent, portant lods et revenu ; quatre-vingt-dix-neuf mesures de froment, soixante-dix mesures d'avoine, douze mesures de seigle.....; le tout certifié, de la part de ladite dame, par M. Louis Dalivoy, praticien à Beaurepaire, son procureur spécial à ce commis.

Par son testament du 31 mars 1696, reçu de la Fay et Levert, notaires à Lyon, elle lègue une somme de deux cents livres, moitié au luminaire de l'église de Beaurepaire, et l'autre moitié à celle de Saillenard, pour l'entretien desdits luminaires à perpétuité.

Elle fait un second testament, le 18 mars 1702, passé à Lyon, devant M⁰ Gros, notaire, par lequel, voulant disposer de ses biens suivant la réserve portée dans la donation qu'elle a faite au profit de messire Gaspard de Beaurepaire, son fils aîné, devant maître Chevrot, notaire royal, le 25 avril 1685, elle élit sa sépulture en l'église paroissiale de Beaurepaire, en la chapelle où est enterré son époux, ordonne messes, services, aumônes, fait fondations...; institue messire Simon de Beaurepaire, son second fils, son héritier particulier, dans la somme de huit mille livres, et différents meubles, argenterie...; lègue à dame Pierrette et Marie-Thérèse de Beaurepaire, ses filles, religieuses professes de l'Ordre des Chartreux au monastère de Salette; à dame Hilaire de Beaurepaire, sa fille, religieuse ursuline à Belley, et à dame Marie-Françoise et Anne de Beaurepaire, ses deux autres filles, religieuses tiercelines à Lons-le-Saunier, à chacune d'elle vingt livres de pension viagère; nomme et institue, pour son héritier universel, messire Gaspard de Beaurepaire, et charge messire Simon de

Beaurepaire, son autre fils, de l'exécution de son testament.

Lettre d'association à toutes les prières et bonnes œuvres des Frères carmes déchaussés du Mont-Carmel, pour Joachim, François, Gaspard, Simon de Beaurepaire, Claudine de Montgeffon, Anne, Marie-Françoise, Barbe, Hilaire, Pétronille et Marie de Beaurepaire. Signée : Frère Philippe de la Sainte-Trinité, préposé général. Contre-signée : Frère Innocent de Sainte-Thérèse, secrétaire.

Joachim de Beaurepaire eut pour enfants :

IX. 1° Gaspard-Marie de BEAUREPAIRE, qui suit;

2° Simon de BEAUREPAIRE, âgé de quinze ans en 1675. Fait à son frère Gaspard une donation entre vifs, le 26 avril 1685. Par son testament du 16 mars 1703, reçu Renaud et Gros, notaires à Lyon, il fait son héritier universel messire Gaspard-Marie de Beaurepaire, son frère. Par un codicille du 21 juin 1702, il lègue aux églises de Beaurepaire et de Saillenard, à chacune cent livres pour le revenu être employé à l'intention d'une lampe être éclairée devant le Saint-Sacrement. Confrère des pénitents de la Miséricorde de Lyon, il fait cession et transport, par traité du 22 avril 1725, d'un principal de deux mille livres, portant rente annuelle au profit desdits pénitents de ladite ville;

3° Barbe de BEAUREPAIRE, âgée de quatorze ans en 1675. Sœur Françoise-Élisabeth de l'Assomption, religieuse tierceline au couvent de Lons-le-Saunier;

4° Anne de BEAUREPAIRE, âgée de treize ans en 1675. Sœur Françoise-Élisabeth du Saint-Sacrement, religieuse tierceline au couvent de Lons-le-Saunier;

5° Hilaire de BEAUREPAIRE, âgée de onze ans en 1675. Était religieuse ursuline à Belley, en 1702;

6° Pierrette de BEAUREPAIRE, âgée de dix ans en 1675. Était religieuse chartreuse au monastère de la Salette, en Dauphiné, en 1702;

7° Marie-Thérèse de BEAUREPAIRE, âgée de huit ans en 1675. Était religieuse chartreuse au monastère de la Salette, en 1702;

8° Marie-Françoise de BEAUREPAIRE. Sa mère était enceinte d'elle lorsqu'elle lui fut donnée pour tutrice le 10 janvier 1675. Était religieuse tierceline à Lons-le-Saunier, en 1702.

IX. Gaspard-Marie de BEAUREPAIRE, chevalier, marquis de Beaurepaire, baron de Varey, seigneur de Jujurieu, Saillenard, Villerot, Quintigny, Molambier, et co-seigneur de Ratte. Porte : d'argent au chevron d'azur[1]. Était âgé de vingt ans, le 10 janvier 1675, lorsque sa mère lui fut donnée pour tutrice.

Le 26 avril 1685, il accepte la donation entre vifs à lui faite par Simon de Beaurepaire, son frère, de tous les biens à lui échus et avenus par le décès de son père, sous la réserve de pouvoir disposer d'une somme de vingt-deux mille livres, de son logement dans l'une des maisons de son frère et d'une somme de mille livres une fois payée; se réservant l'effet d'une autre donation entre vifs à lui faite par sa mère, par laquelle il doit recevoir, chaque année, par forme de pension, et pour tous ses droits maternels, huit cents livres durant la vie de sa mère, et mille livres après sa mort. Il veut encore que sa libéralité, envers son frère, tienne quand

---

1. Bibliothèque nationale. *Armorial général.* Manuscrit, Bourgogne, t. I, p. 286.

même il se marierait et aurait des enfants, et si son frère Gaspard n'a pas d'enfant, cette donation sera nulle et comme non avenue. Cet acte passé au château de Beaurepaire, devant Chevrot, notaire royal, résidant à Sens.

Il épouse par contrat du 14 juillet 1690, passé à Moulins en Briennois, bailliage et prévôté de Troyes, devant Alexandre Chastel, notaire royal audit bailliage :

Demoiselle ANNE MARIE D'HÉNIN-LIÉTARD, née en 1664, fille de *Antoine d'Hénin-Liétard,* quatrième du nom, chevalier, seigneur de *Vaubercey,* d'*Espagne,* en partie, de *Bleincourt,* baron de *Dienville,* marquis de *Saint-Phal,* cornette dans la compagnie du sieur de Moncy, ensuite capitaine de Chevau-Légers, qui avait épousé, par contrat du 4 septembre 1666, dame *Guyonne de Gannes,* fille de messire Barthélemy de Gannes et de Jeanne-Baptiste Le Roux des Aubières[1].

Procédant le futur des autorité et consentement de sa mère et de son frère absents, mais représentés par messire Ennemond Louis de Montgeffon, chevalier, marquis de Meximieux, et, de plus, assisté de messire Humbert de Brancion, seigneur de Visargent, son cousin paternel; et la future procédant de l'autorité de son père ; par lequel, ce dernier constitue, à la demoiselle sa fille, la somme de trente mille livres, tant pour ses droits maternels échus qu'en avancement des paternels ; se constitue le sieur futur les terres avant dites et les biens qui lui appartiennent par les donations, annoncées, de sa mère et de son frère ; il accorde à la demoiselle future des bagues et joyaux en valeur de deux mille livres et encore deux mille livres de rente pour son douaire.

---

1. *Notices historiques, généalogiques, héraldiques sur la famille de Hénin de Cuvillers.* Paris, Gillé, 1789, p. 36.

Le 21 avril 1692, ils vendent les seigneuries de Gevirà et d'Ugna à Adrienne-Thérèse de Binans, dame de Chamberia[1].

Ils assistent, le 4 janvier 1700, aux prise d'habit et réception, au nombre des dames religieuses du chapitre noble de Château-Chalon, de demoiselle Claudine-Antoinette de Beaurepaire, leur fille, par révérende dame Madame Marie-Angélique de Vatteville, abbesse et dame du chapitre de Château-Chalon, accompagnée de toutes les autres dames religieuses, en l'église dudit lieu; les admissions et vêture de la demoiselle faites après que : révérend seigneur messire Laurent de Chantrans, grand prieur de la royale abbaye de Beaume; révérend seigneur messire Pierre-François de Pillot, aumônier en cette abbaye; généreux seigneur Charles de Champagne, seigneur dudit lieu; et généreux seigneur messire François de Loverat, baron et seigneur du Pin, tous quatre originels gentilshommes du pays, ayant examiné les titres produits par les sieur et dame de Beaurepaire, pour justifier leur noblesse d'extraction et les quatre lignes de l'un et l'autre côté, ont affirmé et juré par serment, en présence du Saint-Sacrement de l'autel, exposé pour la cérémonie, que ladite demoiselle avait les qualités requises pour être reçue audit chapitre.

Par lettre du 30 novembre 1716, Gaspard de Beaurepaire est convoqué aux États généraux du duché de Bourgogne dont l'assemblée fut alors indiquée en la ville de Dijon au 3 janvier suivant. Il avait reçu pareilles lettres pour les États qui se sont tenus ez années 1676, 1679, 1685, 1688, 1697, 1700, 1703, 1706, 1709, 1712.

---

1. *Dictionnaire géographique, historique et statistique de Franche-Comté*, par A. Rousset, t. V, p. 548.

Il fait son testament le 11 juin 1716[1], au château de Beaurepaire, reçu Guillemin, notaire à Savigny en Reversmont, par lequel voulant laisser un règlement à sa famille et donner des marques de son amitié à dame Anne d'Hénin-Liétard, son épouse, il lui lègue, en cas qu'elle lui survive et qu'elle reste en viduité, la propriété des meubles et acquêts de leur communauté et la jouissance de ses immeubles, à la condition de nourrir et entretenir leurs enfants suivant leur conditions; institue dame Claudine-Antoinette de Beaurepaire et dame Simonne de Beaurepaire, ses filles, dans les dots qu'il leur a constituées, conjointement avec ladite dame son épouse, par leurs contrats de mariage, avec messire François-Gabriel de Poligny et messire Philippe de Laurencin-Persange, seigneur de Beaufort, voulant que lesdites dames s'y tiennent, sinon les institue dans leur légitime; lègue à dame Marie de Beaurepaire, son autre fille, professe en l'abbaye royale de Lons-le-Saulnier, une pension viagère de deux cents livres. Lègue aussi au sieur Abraham-Nicolas de Beaurepaire, son cadet, deux cent cinquante livres de pension viagère, au cas qu'il fasse profession dans l'abbaye royale de Beaume, et où il en sortirait il l'institue en une somme de vingt livres. Il donne, incontinent son décès, à la confrérie du Saint-Sacrement de l'église de Beaurepaire, la somme de cent livres et même somme aux pauvres de la terre de Beaurepaire. Il nomme pour son héritier universel Jacques de Beaurepaire, son fils aîné, et le charge de l'acquit de ses legs pieux.

Lettre d'association et participation à toutes les messes, oraisons, jeûnes, veilles et aumônes et tous

---

1. Archives de Dijon. *Inventaire de la Chambre des comptes*, vol. XV, p. 234.

autres exercices de religion qui se pratiquent dans tous les ordres de Chartreux, donné par le général de l'ordre à nobles personnes : Gaspard-Marie de Beaurepaire, Anne d'Hénin-Liétard, Claudine de Beaurepaire, Gabrielle-Simonne de Beaurepaire, Marie de Beaurepaire, Jacques de Beaurepaire, Abraham de Beaurepaire. Signée : F. Antoine, prieur de Chartreuse.

Anne-Marie d'Hénin-Liétard, décédée le 16 janvier 1719, a été inhumée le lendemain dans l'église de Beaurepaire[1].

Gaspard de Beaurepaire est mort à Beaurepaire le 27 janvier 1721, et a été inhumé le lendemain[2].

Il laisse pour enfants :

X. 1° JACQUES DE BEAUREPAIRE, qui suit;

    2° ABRAHAM-NICOLAS DE BEAUREPAIRE, né le 8 août 1698, et baptisé le 21 novembre 1701 dans l'église de Beaurepaire.

    Il fut parrain de son frère aîné Jacques, né le 14 juin 1696.

    Présenté pour être admis au nombre des vénérables frères religieux du chapitre de Saint-Pierre de Beaulme, obtint, à cet effet, mandement du 12 novembre 1701, émané de Jean de Vatteville, abbé commendataire de cette abbaye royale de Beaulme. En vertu de ce mandement, et suivant le procès-verbal du 10 janvier 1702, fut admis et prit l'habit religieux dans l'église de l'abbaye royale de Beaulme, des mains de messire Laurent d'Oizellay, grand prieur, en présence et du consentement de tous les officiers et religieux de cette maison, après avoir prouvé par titres et par témoins que ses père et mère et ses prédécesseurs ont toujours été tenus et ré-

---

1. Greffe du tribunal civil de Louhans (Saône-et-Loire).
2. Archives de la mairie de Beaurepaire en Bresse (Saône-et-Loire).

putés nobles et de grande ancienneté, et ces preuves remontées des deux parts à huit quartiers;

3° CLAUDINE-ANTOINETTE DE BEAUREPAIRE, reçue au nombre des dames religieuses du chapitre noble de Château-Chalon suivant le procès-verbal du 4! janvier 1700; elle prit l'habit des mains de révérende dame Mme Marie-Angélique de Vatteville, abbesse et dame de Château-Chalon.

Elle épouse à Beaurepaire, le 19 avril 1711[1], FRANÇOIS-GABRIEL DE POLIGNY, seigneur d'ÉVANS, AUGEA, BERTHELANGES, fils de *François de Poligny*, seigneur d'*Augea*, et d'*Étiennette-Jeanne*, dame *de Nans*[2];   P. 87.

4° SIMONNE-GABRIELLE DE BEAUREPAIRE, reçue au chapitre noble des religieuses de l'abbaye royale de Sainte-Claire en la ville de Lons-le-Saunier, suivant qu'il est établi par le procès-verbal du 15 janvier 1703, ensuite des preuves littérales et testimoniales de sa noblesse de huit quartiers paternels et maternels, constatées par acte passé devant Gaspard Breney, notaire royal à Lons-le-Saunier.

Elle épouse par contrat du 27 janvier 1711, passé devant Jean Dalivoy, notaire royal à Beaurepaire (bénédiction nuptiale, 8 février 1711), messire PHILIPPE, comte DE LAURENCIN, chevalier, seigneur de BEAUFORT, FLACEY, CRÈVECŒUR, ancien capitaine de cavalerie au régiment de Marcillac[3], mort à Beaufort le 13 janvier 1768[4], fils de feu messire *Antoine de Laurencin-Persange*, major du régiment de Dauphiné-Infanterie, et de *Françoise de Berton*, fille d'Étienne de Berton, conseiller du roi, seigneur de Beaufort, et de Françoise de Blauf[5].   P. 91.

---

1. Archives de la mairie de Beaurepaire en Bresse (Saône-et-Loire).
2. *Mémoires historiques sur la ville et seigneurie de Poligny*, par F.F. Chevalier. Lons-le-Saulnier, 1767, t. II, p. 262.
3. Archives de la mairie de Beaurepaire en Bresse (Saône-et-Loire).
4. *Registres de l'état civil* de Beaufort (Jura).
5. *Histoire de l'Université du comté de Bourgogne*, par Labbey de Billy. Besançon, 1815, t. II, p. 275.

Elle est morte à Beaufort le 29 septembre 1746 [1];

5° Marie de BEAUREPAIRE, née à Beaurepaire le 4 juin 1694, et baptisée le 8 octobre 1703 [2].

Elle fut reçue au chapitre noble de l'abbaye de Sainte-Claire de Lons-le-Saunier, par acte du 7 janvier 1704, dans les mêmes formes et devant le même notaire que sa sœur Simonne-Gabrielle.

X. Jacques de BEAUREPAIRE, Chevalier, Marquis de Beaurepaire et de Saillenard, Comte de Varey.

Né le 4 janvier 1696, fut ondoyé le même jour par le curé de Saillenard, et reçut le supplément des cérémonies du baptême, le 14 juin 1708, des mains du sieur Joachim Pouillard, premier curé de Beaurepaire, et eut pour parrain Abraham-Nicolas de Varey, son frère puîné.

Le 30 janvier 1717, il reçoit un certificat émané du comte d'Artagnan, capitaine-lieutenant de la première compagnie des mousquetaires à cheval de la garde du roi, et lieutenant-général des armées de Sa Majesté, portant que : ledit sieur de Beaurepaire a très bien servi dans la compagnie depuis le 18 avril 1714 jusqu'à la fin de décembre 1715, auquel temps lui fut accordé son congé.

Il fournit aveu et dénombrement, du 9 janvier 1723, devant le notaire royal Guillemin, résidant à Savigny en Revermont; au Roi, aux gens et officiers tenant sa Chambre des comptes de Dijon, le 26 du même mois, de la terre et seigneurie de Beaurepaire et dépendances, consistant en la tour, maison-fort et seigneurie en toutes justices, haute, moyenne et basse, avec pouvoir d'instituer et destituer toutes sortes d'officiers comme

---

1. *Registre de l'état civil* de Beaufort (Jura).
2. Archives de la mairie de Beaurepaire en Bresse (Saône-et-Loire).

juges, greffiers, procureurs d'office, sergents, messiers, forestiers...; aveu et dénombrement pour la seigneurie de Saillenard...; pour la terre et seigneurie de Varey, où il y a château et maison-fort...

Le 6 mai 1724, il fait les preuves de sa noblesse paternelle devant Philippe de Cronambourg, chevalier, seigneur de Broin, et de Paul de Loriol, chevalier, seigneur comte de Digoine, baron de Couches, commissaires nommés par délibération de MM. de la Chambre de la noblesse des États généraux de Bourgogne, du 17 mai 1721, pour la vérification des titres et qualités des gentilshommes qui se présenteront pour entrer aux États. « A la vue desquelles preuves et sur ce que de notoriété publique, la famille dudit seigneur de Beaurepaire est connue, Messieurs ses auteurs étant entrés aux États où ils ont même possédé des charges, il est reconnu qu'il est bon gentilhomme, non noble simplement, mais de la qualité requise pour entrer en la Chambre de Messieurs de la noblesse et y avoir voix délibérative, ayant toujours fait et faisant profession des armes et non de la robe[1]. »

Il épouse par contrat du 26 novembre 1725, devant Damien Lapierre, notaire royal, demoiselle JEANNE HUGUETTE DE LA COSTE-THOIRIAT[2], fille unique de messire *Gaspard-Eugène de La Coste,* chevalier, seigneur de *Polliat, Vandins,* baron de *Chandée,* et de feue dame *Marie-Catherine-Antoinette de Buisson d'Aussonne,* fille de Jacques de Buisson, marquis d'Aussonne, premier président de la cour des aydes de Guyenne, et de dame Catherine de Renaldy. La dite demoiselle pro-

---

1. Archives de Dijon. *Extrait des registres des preuves de la noblesse.* R. I, p. 368.

2. Archives de Dijon. *Inventaire de la Chambre des comptes,* vol. II, p. 709.

cédant de l'autorité de son père, lequel lui constitue en dot : sa terre baronnie de Chandée et dépendances pour la remplir de tous ses droits maternels échus et en avancement de ceux à échoir de son chef, sous la réserve de l'usufruit qu'il se fait de ladite terre et de six mille livres à disposer. Ledit seigneur futur fait au profit de ladite demoiselle future donation entre vifs de vingt-quatre mille livres à prélever sur tous ses biens, lui accorde de plus pour son douaire deux mille quatre cents livres de pension viagère, réductibles à mille six cents livres en cas d'enfants. Ce contrat passé au château de Chandée, en Bresse. La bénédiction nuptiale leur fut donnée, dans la chapelle du château de Chandée, le 10 janvier 1726.

Il est convoqué aux États généraux de Bourgogne en 1727-33-36-45-54-57-60.

Le 26 novembre 1732, il reprend de fief et fait dénombrement de la seigneurie de Varey, au bailliage de Bugey, et de celles de Beaurepaire et de Saillenard, au bailliage de Chalon, à lui appartenant, savoir : Beaurepaire et Saillenard, en qualité d'héritier de Gaspard de Beaurepaire, son père, par testament reçu Guillemin, notaire à Savigny, en 1716, et de la seigneurie de Varey, en qualité de fils aîné et d'héritier substitué [1].

Jeanne-Huguette de La Coste est instituée héritière universelle de son oncle Jean-Baptiste de la Coste, baron de Brandon, par son testament du 4 octobre 1732.

Jacques de Beaurepaire fait vente, du 1er octobre 1738, devant François Balay, notaire royal à Poligny, à messire Antoine de Mailly, second président de la cour des comptes, aydes et domaines de Dôle, pour le prix de

---

1. *Histoire du château de Varey en Bugey*, par Aimé Vingtrinier. Lyon, 1872, p. 89.

cinquante-deux mille trois cents livres, de sa terre et seigneurie de Quintigny, bailliage de Lons-le-Saunier, qui avait été achetée par Joachim de Beaurepaire, son grand-père, vers l'an 1670[1].

Jeanne-Huguette de La Coste, marquise de Beaurepaire, fait son testament, en son hôtel à Dijon, le 22 avril 1750, devant Pierre-Bernard Vaudemont et Claude de Martinécourt, conseillers du roi, notaires à Dijon, par lequel elle élit sa sépulture où elle décédera voulant y être inhumée sans pompe ; institue Abraham de Beaurepaire, son second fils, et Marguerite-Antoinette, sa fille cadette, ses héritiers particuliers, chacun dans la somme de cinquante mille livres, sinon dans leur légitime. Institue pareillement Marie-Claudine de Beaurepaire, sa fille aînée, et à son défaut les siens dans la somme de quatre-vingt mille livres ; lègue à Marie-Gabrielle, sa fille, chanoinesse à Neuville, la somme de trois mille livres et lui constitue la pension de douze cents livres à elle assignée par son père ; nomme et institue son héritier universel Jean-Baptiste-Joseph, son fils aîné, voulant que tous ses biens sans distinction passent aux enfants, petits-enfants et autres descendants mâles de degré en degré, et ordonnant qu'en faveur du premier degré, seulement, il soit fait distraction de la somme de dix mille livres pour chacun de ceux qui ne recueilleront pas ladite substitution ; en cas du décès dudit seigneur héritier universel sans enfant mâle ou les siens sans enfant, elle veut que ladite substitution soit transmise à Abraham de Beaurepaire, son fils cadet, et aux mâles procréés de lui en légitime mariage. A défaut de tous, ladite testatrice prolonge cette substitution, jusqu'à

---

1. *Dictionnaire géographique, historique et statistique des communes de Franche-Comté*, par A. Rousset, t. V, p. 387.

Marie-Claudine-Simonne, et Marguerite-Antoinette, ses deux filles, par égale portion... Elle prohibe l'aliénation des terres de Brandon et Chandée...

Elle est morte à Dijon le 29 mars 1752.

Jacques de Beaurepaire vendit la seigneurie de Varey à Jean Dervieux, écuyer, seigneur de Villars [1], demeurant ordinairement à Lyon, pour le prix de deux cent six mille livres, par acte reçu Gorraty, notaire à Saint-Jean-le-Vieux, le 30 mars 1753 [2].

Il fait donation entre vifs, du 13 juin 1762, à messire Jean-Baptiste-Joseph de Beaurepaire, son fils émancipé, chevalier de Saint-Louis, ancien capitaine au régiment du Roi-infanterie, d'un hôtel situé en la ville de Dijon, du marquisat, terre et seigneurie de Beaurepaire, Saillenard, Vincelles..., châteaux, domaines, droits de justice, cens, rentes et toutes dépendances, en y comprenant les biens remis ou cédés audit seigneur donateur, par messire Abraham-Nicolas de Beaurepaire, son frère, par acte du 25 octobre 1724, et ceux résultant, au même seigneur donateur, par le décès de messire Abraham de Beaurepaire, son fils, ajoutant tous les contrats de rente qui lui appartiennent, ainsi que tous ses meubles, argenterie, équipages et effets mobiliers existant au château de Beaurepaire, le tout pour en jouir dès lors, mais sous les réserves cy-après : 1° de la faculté de disposer d'une somme de cinquante mille livres; 2° de son habitation au château de Beaurepaire avec l'usage des jardins, plantations, bois de chauffage...; 3° de la pension annuelle et viagère de dix mille livres; 4° qu'il sera tenu de payer les dettes exigibles montant à la somme de quarante-

---

1. *Histoire du château de Varey en Bugey*, par Aimé Vingtrinier. Lyon, 1872, p. 89.

2. Archives de Dijon. *Inventaire de la Chambre des comptes*, vol. XV, p. 259.

deux mille neuf cent soixante-sept livres, plus l'acquit de principaux de rente pour quarante deux mille cinq cents livres; 5° d'acquitter annuellement les deux mille livres de pension que ledit seigneur Nicolas-Abraham de Beaurepaire s'est réservées dans l'acte de cession; 6° de payer aussi à dame Marie-Gabrielle de Beaurepaire, sa fille, chanoinesse de Neuville, la pension viagère de mille deux cents livres; 7° de payer encore à dame Marguerite-Antoinette de Beaurepaire de Vincelle, sa fille, chanoinesse de Neuville, la somme de cinquante mille livres à elle léguée par le testament de Mme Jeanne-Huguette de La Coste, sa mère, et ce, lorsqu'elle sera majeure, et jusque-là lui donner mille livres de pension, à laquelle même dame de Vincelle il ajoutera quarante mille livres pour tous ses droits paternels; 8° il demeure aussi chargé de l'acquit d'autre somme de quarante mille livres dues à Mme Marie-Simonne de Beaurepaire, marquise de Vauban, sa sœur, aux termes de son contrat de mariage. Cette donation passée au château de Beaurepaire devant François-Charles Guillemin, notaire royal.

Jacques de Beaurepaire est mort à Lons-le-Saunier le 10 octobre 1776, et est inhumé le lendemain.

Il laisse pour enfants :

XI. 1° M. DE BEAUREPAIRE, né et baptisé au château de Beaurepaire le 4 juillet 1727, mort le 15 août 1727, et enterré le lendemain dans la chapelle de l'église de Beaurepaire[1];

2° MARIE-CLAUDINE-SIMONNE DE BEAUREPAIRE, née au château de Beaurepaire le 14 septembre 1728, a été baptisée le lendemain et a été tenue sur les fonts du baptême par deux pauvres vieillards, dont le par-

---

1. Greffe du tribunal civil de Louhans (Saône-et-Loire).

rain est Nicolas Gauillard et la marraine Reine Tremey, qui ont été choisis par un motif de dévotion¹.

Chanoinesse au chapitre noble de Neuville-les-Dames² en 1729.

Elle épouse par contrat, passé à Neuville-les-Dames, dans la maison de Mme de Beaurepaire, dame chanoinesse de l'illustre chapitre de Neuville, le 25 février 1753, devant Me Caillard, notaire royal à Saint-Julien-sur-Vesles, en Bresse, aujourd'hui canton de Châtillon-les-Dombes (Ain), Louis-Gabriel LE PRESTRE, chevalier, marquis de VAUBAN³, seigneur de Magny, de Cublise, de Saint-Vincent, de Rauchal, de Gendras, de Grandris en Beaujolais et de la Bastie en Mâconnais, fils de *Antoine Le Prestre*, chevalier, comte de *Vauban*, qui avait épousé par contrat des 25 et 26 février 1699, passé devant Me Langlois et son confrère, notaires au Châtelet de Paris, demoiselle *Anne-Henriette de Busseul*, dame de *Saint-Sernin* et de *la Bastie*, fille de François de Busseul, chevalier comte de Saint-Sernin, et de Marie-Anne de Cours. Marie-Claudine-Simonne de Beaurepaire, marquise de Vauban, est décédée à l'hospice d'humanité de Roanne (Loire), le 24 germinal an II de la République;

P. 97.

3° Marie-Gabrielle de BEAUREPAIRE, née au château de Beaurepaire le 31 juillet 1729, a été baptisée le 1er du mois d'août de la même année, et a été tenue sur les fonts du baptême par M. le comte de Poligny, seigneur d'Évans, duquel a été lieutenant M. Laurent de la Tour, seigneur de Cressia, et par Mme de Beaurepaire, chanoinesse à Lons-le-Saunier⁴;

---

1. Archives de la mairie de Beaurepaire en Bresse (Saône-et-Loire).

2. *Nobiliaire du département de l'Ain, Bugey et pays de Gex*, par Jules Baux, p. 454.

3. *Généalogie de la famille Le Prestre de Vauban*, par M. L. P. Desvoyes. Semur, 1873.

4. Archives de la mairie de Beaurepaire en Bresse (Saône-et-Loire).

Elle prit l'habit et fut reçue novice au chapitre noble des dames chanoinesses, comtesses de Neuville, le 12 juillet 1740[1]. Elle fait profession et émission de ses vœux le 7 octobre 1748. Elle était dame chanoinesse professe à l'assemblée du 2 juillet 1755[2], et doyenne du chapitre en 1778 et 1789[3];

4° Jean-Baptiste-Joseph de BEAUREPAIRE, qui suit;

5° Abraham-Nicolas de BEAUREPAIRE, né et baptisé à Beaurepaire le 21 mai 1732, a eu pour parrain messire Abraham-Nicolas de Beaurepaire, son oncle, duquel le sieur René Guichard a été lieutenant, et pour marraine dame Marie de Beaurepaire, Mlle de Movilly, chanoinesse de Neuville, sa tante, de laquelle a été lieutenante demoiselle Jeanne-Marie Dolivoy[4].

Lieutenant en deuxième au régiment du Roi-infanterie le 26 mars 1745, lieutenant le 20 janvier 1746, capitaine le 6 avril 1755, décédé en 1761.

Campagnes 1745 à 1748, en Flandres; 1757 à 1761, en Allemagne[5].

Chevalier de Saint-Louis le 11 juillet 1760.

L'an 1761, le neuvième jour de septembre, à onze heures du matin, au village de Driberg, par devant nous Louis Baudan, écuyer, prévôt général des maréchaussées de Touraine, Anjou, le Maine et de l'armée commandée par Monseigneur le maréchal duc de Broglie, assisté de M° Antoine Le Normand, greffier de la prévôté de ladite armée; sont comparus : le sieur François Deshoteux, chirurgien-major du régiment du Roy

---

1. *Nobiliaire du département de l'Ain, Bugex et pays de Gex*, par Jules Baux, p. 454.
2. *Notice sur l'ancien chapitre noble de Neuville-les-Dames*, par l'abbé A. Gourmand, curé. Bourg, 1865.
3. *Catalogue des gentilshommes de Bourgogne, Bresse, Bugey, Valromay*. Laroque et Barthélemy. Paris, 1862.
4. Archives de la mairie de Beaurepaire en Bresse (Saône-et-Loire).
5. Archives du ministère de la guerre.

infanterie, et le sieur François Jarry dit la Sonde, soldat dudit régiment du Roy-Infanterie, compagnie de..... lesquels ont dit et déclaré que : le 19 août dernier, après avoir passé la rivière le Wezer, auprès de la ville d'Hoexter, ils ont été appelés pour donner du secours à M. le chevalier de Beaurepaire, capitaine au susdit régiment du Roy-infanterie, blessé d'un coup de feu à la partie latérale gauche de la poitrine, que pendant le temps qu'ils lui donnaient les secours nécessaires, ledit sieur chevalier de Beaurepaire a dit à M. le comte de Beaurepaire, son frère aîné, capitaine au même régiment du Roy-infanterie : « Mon frère... je vous donne... tout mon bien... vous le savez... en présence... de témoins. » Ce que ledit sieur Deshoteux a ouï, et ledit sieur Jarry a ouï ces mots ci-après sortir de la bouche dudit chevalier de Beaurepaire : « Mon bien....... témoins. » entre lesquels il y a eu un petit intervalle. Ce que lesdits sieurs Deshoteux et Jarry, comparant, ont affirmé devant nous véritable et ont signé ;

6° MARGUERITE-ANTOINETTE DE BEAUREPAIRE, Mlle DE VINCELLES, née à Dijon le 2 février 1742[1], fut baptisée le lendemain en l'église Saint-Médard, de Dijon. Elle a pour parrain M. le marquis de Sorans et pour marraine madame Marie-Marguerite de Fournebulle de Saint-Lunier, épouse de messire Philibert Durand, conseiller du Roi en ses conseils, grand maître des eaux et forêts de France au département des duché et comté de Bourgogne, Alsace, Bresse, Bugey et Mâconnais.

Reçue au chapitre noble de Neuville-les-Dames le 28 février 1758. Chanoinesse honoraire en 1789[2], elle y était encore le 9 décembre 1790, lorsque le chapitre noble succomba, comme les autres établissements

---

1. *Registres de l'état civil.* Mairie de Dijon.
2. *Catalogue des gentilshommes de Bourgogne, Bresse, Bugey, Valromay.* Laroque et Barthélemy. Paris, 1862.

religieux, sous l'action des lois révolutionnaires[1]. Elle se retira à Épervans, près Chalon-sur-Saône, et mourut le 11 novembre 1829[2].

XI. JEAN-BAPTISTE-JOSEPH marquis DE BEAUREPAIRE, chevalier, seigneur de BEAUREPAIRE, CHICHEVIÈRES, SAILLENARD, LES RÉPOS, LES VILLEROTS, baron de CHANDÉE et de BRANDON[3], seigneur de VINCELLES, MONTAGNY, RATTE.

Né le 9 et baptisé le 10 avril 1731, à Beaurepaire. Son parrain a été messire Jean-Baptiste de La Coste, seigneur de Brandon, et sa marraine dame Marguerite de La Coste, chanoinesse à Neuville.

Par le testament du 4 octobre 1732 de son grand-oncle messire Jean-Baptiste de La Coste, écuyer, baron de Brandon, il est institué son héritier dans la somme de dix mille livres, qui ne lui sera payée qu'en pleine majorité, et s'il fait honneur à sa famille : sa mère devra décider sur ce point.

Lieutenant en second au régiment du Roi-infanterie, le 26 mars 1745. Lieutenant le 25 août 1745; capitaine le 16 mars 1755; a abandonné le 25 avril 1762.

Campagne de 1745 à 1748, en Flandre; de 1757 à 1762, en Allemagne[4].

Chevalier de Saint-Louis, le 12 juillet 1760.

Jean-Baptiste-Joseph de Beaurepaire, faisant profession des armes, ainsi que Messieurs ses auteurs, obtient entrée et séance dans la chambre de la noblesse aux États généraux du duché de Bourgogne, ainsi qu'il est

---

1. *Notice sur l'ancien chapitre de Neuville-les-Dames*, par l'abbé A. Gourmand, curé. Bourg, 1865.

2. Pierre tombale, cimetière de Chalon-sur-Saône, 7ᵉ section.

3. *Saint-Sernin-du-Bois et son dernier Prieur*, par l'abbé Sébille. Paris, J. Gervais, 1882, p. 87.

4. Archives du ministère de la guerre.

établi par le procès-verbal du 25 novembre 1757, émanant de Guillaume de Thersut, chevalier seigneur de Giboux, Verrey, et de Gabriel-Hector de Culon, chevalier, comte d'Arcy-sur-Cure, commissaires nommés par délibération de Messieurs de la chambre de la noblesse; par un autre procès-verbal du 24 novembre 1769, il obtint voix délibérative dans ladite chambre, sur la présentation d'un acte de foy et hommage qu'il a fait au Roy, pour la terre et seigneurie de Beaurepaire, avec ses dépendances qui sont Saillenard et Vincelles [1].

Par contrat du 7 février 1763, passé à Besançon, hôtel de la marquise de Sorans, devant les conseillers de ladite ville, la minute laissée à Poulet, l'un d'eux, il épouse MARIE-LOUISE-CATHERINE DE MOYRIA, née et baptisée le premier jour de l'an 1746, fille de messire *Joseph*, comte *de Moyria*, baron de *Chastillon*, seigneur de *Rainans* et *Grédisans*, et de défunte dame *Catherine-Jacques-Philippe de Pra Pezeux* [2].

Procédant ledit seigneur futur, dûment émancipé, de l'exprès consentement de son père, à lui donné par messire Alexandre-Ignace Gallet de Recolonge, professeur en droit français à l'université de Besançon, et ladite demoiselle future procédant pareillement de l'autorité de son père. Le futur se fait bon et riche de ses droits maternels échus et paternels à échoir. Se constitue la demoiselle future, 1° dix mille livres formant partie de la dot de feue madame la comtesse de Moyria, sa mère, du chef des seigneur et dame, marquis et marquise de Pezeux, aïeul et aïeule; 2° autre somme de

---

1. Archives de Dijon. *Extrait des registres des preuves de noblesse*, registre I, p. 368.

2. *Extrait des registres paroissiaux*, déposés dans les archives de la ville de Dôle (Jura).

trente mille livres qui ont aussi fait partie de la dot de la dame sa mère, et qui sont provenues de la donation qui lui avait été faite par Mme la marquise de Soran; 3° dix mille livres en principal formant le legs, de pareille somme, à elle fait dans le testament de Mme de Corberon, du 2 mai 1758; constitue, de son côté, ledit seigneur comte de Moyria, à ladite demoiselle future sa fille, à titre de dot divis, la somme de soixante-dix mille livres, et pour se libérer, comme pour donner aux seigneurs et demoiselle futurs des preuves de la satisfaction qu'il a de ce mariage, il leur paye cent mille livres, savoir : cinquante mille livres en argent, trente mille livres en principaux de rente, et vingt mille livres restant; sur quoi comparaît dame Mme Marie-Charlotte de Pra Pezeux, douairière de messire Antoine-François de Rozières, marquis de Sorans, grand'tante maternelle de la demoiselle future, à laquelle elle fait donation de la somme de trois mille livres; accorde ledit seigneur futur, à ladite demoiselle future, pour son douaire, trois mille livres de pension viagère et deux mille livres de bagues et joyaux. Ce contrat, passé en présence de messire Nicolas-Abraham de Beaurepaire, comte de Varey; de Mme Marie-Claudine-Simonne de Beaurepaire, douairière de M. le marquis de Vauban, brigadier des armées du roi; de dame Marie-Gabrielle de Beaurepaire, comtesse et chanoinesse dans le noble chapitre de Neuville; de dame Marguerite-Antoinette de Vincelles, comtesse chanoinesse dans le noble chapitre de Neuville; de messire Antoine-Alexandre d'Hénin, grand bailli de l'ordre de Malte et commandeur de Neufchâteau; de messire Philippe de Durestal, prêtre de l'Oratoire; de M. le marquis de Sorans, père; de M. le comte de Sorans, fils, colonel du régiment royal Artois infanterie, et de M. le chevalier de Sorans, son frère; de M. le comte et Mme la comtesse de Poligny; de M. le marquis et de Mme la marquise du Deschaux, tous parents du futur; de M. Claude de Pra-Pezeux, marquis de Pezeux, aïeul maternel de la future; de messire Louis-François de Moyria-Rainans; de M. le comte de la Foret, de Mme la marquise de Moyria-Châtillon; de M. le comte et de Mme la comtesse de Moyria-Maillac; de Mme la comtesse de Moyria-Châtillon, parents paternels de la future; de messire Louis-Antide de Pra-Pezeux, comte de Pezeux, gouverneur et grand bailli de Langres, et de Mme la comtesse de Pezeux, son épouse...; de monseigneur le cardinal de Choiseul-Beaupré, archevêque de Besançon; de Mme Jeanne-Marguerite de la Baume, épouse d'Eugène marquis de Ligneville...; de l'agrément de M. le duc de Randan, chevalier des ordres du Roy, lieutenant général de ses armées, commandant en chef pour le Roy dans la province de Franche-Comté, et de Mme la duchesse de Randan, son épouse.

La bénédiction nuptiale leur fut donnée le 8 février 1763, par Antoine-Clériadus de Choiseul-Beaupré, cardinal prêtre de la sainte Église romaine, archevêque de Besançon, prince du Saint-Empire, primat de l'insigne Église primatiale de Lorraine, grand aumônier du roi de Pologne, duc de Lorraine et de Bar, dans sa chapelle archiépiscopale [1].

Par arrêté du 24 décembre 1763, il est reçu, ainsi que sa postérité, au nombre des bourgeois de la ville de Lons-le-Saunier.

Le 10 mai 1766, il est convoqué aux États généraux du duché de Bourgogne et aussi du comté

---

1. *Extrait des registres des mariages de la paroisse Saint-Jean-Baptiste de Besançon*, déposés à la mairie de la ville.

d'Auxonne, dont l'ouverture a lieu à Dijon, le 14 juillet suivant.

Par arrêté du conseil d'Etat du roi, du 11 août 1767, il est autorisé à établir à Beaurepaire deux foires qui se tiendront les 15 mai et 20 août de chaque année, ainsi qu'un marché qui se tiendra le mardi de chaque semaine, et le mercredi dans le cas où le mardi serait fête.

Il fait construire à ses frais une halle au devant du château, et donne une place nécessaire pour la situation du bétail de toutes espèces, et autres marchandises qui y seront amenées. Le 16 mai 1768 étant désigné pour l'ouverture de la première desdites foires, attendu que la veille était un dimanche, il fait présent, à tous les corps des marchands bouchers qui se pourraient rencontrer, d'un bœuf sous poil fromain, sous les conditions que les marchands bouchers qui se présenteront seront tenus, ou quelqu'un d'entre eux de chaque corps, de fréquenter pendant trois ans consécutifs lesdites foires de Beaurepaire.

Le 21 novembre 1769, il fait hommage au roi, en sa chambre des comptes de Bourgogne, des terres et seigneuries de Chandée, en la paroisse de Vandins, ancienne baronnie du bailliage de Bourg; de Brandon, ancienne baronnie du bailliage de Montcenis, siège parculier de l'Autunois, en la paroisse de Varenne; et de Beaurepaire, anciennement baronnie du bailliage de Chalon, avec les dépendances de cette terre.

Il fait procéder au procès-verbal, des mois de novembre et décembre 1780, des preuves testimoniales et littérales de noblesse paternelle et maternelle de noble Jean-Joseph de Beaurepaire, né le 11 avril 1777, et baptisé le même jour en l'église paroissiale de Beaurepaire, et de Joseph-François-Xavier de Beaurepaire de

Chandée, son frère, né le 1ᵉʳ décembre 1778 et baptisé le lendemain dans l'église paroissiale de Chalon-sur-Saône, tous les deux ses fils, présentés pour être reçus de minorité au rang de chevaliers de justice dans l'Ordre de Saint-Jean de Jérusalem. Ces preuves, commencées le 30 novembre et finies le 11 décembre de ladite année, devant frère François Palatin de Dyo de Montpéroux, chevalier dudit ordre, commandeur de Chalon-sur-Saône, et frère Toussaint d'Hannonville, aussi chevalier dudit ordre, commandeur de Salins, commissaires députés, par commission décernée par M. de Marbeuf, chevalier, bailli, grand croix, grand prieur de Champagne et commandeur des Espaux, et Messieurs les commandeurs et chevaliers du même ordre, assemblés à Vaulaine, pour la célébration de l'assemblée provinciale de la Saint-Martin précédente.

Le 12 avril 1787, il est admis à l'assemblée de la noblesse de Bresse [1].

Il est présent comme baron de Chandée, à l'assemblée générale des trois ordres tenue à Bourg en Bresse le 23 mars 1789 [2], et comme seigneur des Répos à celle du bailliage d'Aval tenue à Lons-le-Saulnier le 6 avril de la même année [3].

Le 24 avril 1790, il achète la terre de Nance (Jura) qu'il laissa à Mᵐᵉ de Bussières, sa fille [4].

Il est nommé juge militaire suppléant, en la ville de Louhans, par décret du Roi en date du 8 juillet 1792.

---

1. *Nobiliaire du département de l'Ain, Bresse et Dombes*, par Jules Baux, p. 460.

2. *Catalogue des gentilshommes de Bourgogne, Bresse, Bugey, Valromey*. Laroque et Barthélemy. Paris, 1862.

3. *Catalogue des gentilshommes de Franche-Comté*. Laroque et Barthélemy. Paris, 1862.

4. *Dictionnaire géographique historique et statistique des communes de Franche-Comté*, par A. Rousset, t. IV, p. 450.

Dans la séance du duodi, première décade de frimaire, troisième mois de l'an II de la République, le comité de surveillance de la commune de Beaurepaire, considérant que, dans un temps révolutionnaire, il convient de prendre toutes les mesures de sûreté générale et d'assurer la tranquillité publique en arrêtant les gens suspectés par la loi;

Considérant que Jean-Baptiste-Joseph Beaurepaire et Marie-Louise-Catherine Moyria, sa femme, ont un fils émigré;

Que Marie-Charlotte-Joséphine Thoisy, née Beaurepaire, est femme d'émigré;

Que Agathe-Suzanne Bussières, née Beaurepaire, est femme d'émigré;

Que, suivant la loi, ils doivent être traités comme suspects; arrête qu'ils demeureront consignés dans leur domicile, attendu qu'il n'y a pas de maison d'arrêt dans ladite commune, et y seront gardés à vue, et que leur maison sera interdite aux étrangers.

Transportés à Louhans, ils y restent en détention du 7 frimaire an II jusqu'au 15 brumaire an III.

« Dans la séance publique, du 19 ventôse an II, de la municipalité de Beaurepaire, un membre a dit que le citoyen Jean-Baptiste-Joseph Beaurepaire, étant aujourd'hui détenu comme suspect, demande qu'il soit rendu compte exact de sa [conduite; pourquoi, l'agent national ouï, il a été dit, déclaré et attesté de voix unanime que, depuis l'établissement dudit citoyen Beaurepaire, arrivé en 1762, il s'est comporté d'une manière aussi respectable que humaine, que ses soins ont été de maintenir l'ordre et la justice, d'animer l'agriculture en récompensant les bons ouvriers, en aidant et soulageant les pauvres, en répandant des bienfaits à propos et dans des circonstances utiles, en maintenant la paix et l'union, en faisant tous sacrifices ou bien général et particulier, ce qui doit lui mériter sa liberté, d'autant plus que son absence, de sa maison, est un fléau pour nos pauvres, ajoutant que, tous nous le disons et pourrions dire encore plus de bien en sa faveur, et comme par tous nos voisins et par tous les tribunaux à vingt lieues l'environ. Lequel certificat nous délivrons au citoyen Beaurepaire pour procurer sa liberté et lui servir ce que de raison.

« Cejourd'hui, 7 vendémiaire l'an III de la République une et indivisible, le conseil général de Beaurepaire, assemblé au principal lieu de séance, assisté du secrétaire, un membre a dit : qu'il est de la justice et de l'humanité de cette commune, en rendant hommage à la vérité, de réclamer auprès du représentant du peuple Boisset, à présent dans notre département, l'élargissement et la liberté du citoyen Jean-Baptiste-Joseph Beaurepaire, de ce lieu, ainsi que de la citoyenne Marie-Louise-Catherine Moyria, sa femme; Louise-Jacqueline-Charlotte Beaurepaire-Thoisy; Agathe-Suzanne Beaurepaire-Broquard; Louise-Aimée, Joséphine-Marguerite-Désirée et Marguerite-Claudine Beaurepaire, leurs cinq filles, tous détenus dans une maison d'arrêt de la commune de Louhans, en vertu d'un mandat du comité de surveillance de ladite commune de Louhans, et cela comme père, mère et sœurs de Claude-François-Joseph Beaurepaire, leur fils et frère, qui s'est émigré.

« Sur quoi et la proposition mise en délibération, l'agent national ouï :

« Le conseil général considérant que dans tous les temps le citoyen Jean-Baptiste-Joseph Beaurepaire, son épouse, et leur famille, ont habité cette commune qui les y a vus naître, et y ont constamment mené une vie exemplaire, en bonifiant le local et en le rendant fertile par la plus admirable émulation qu'ils ont humainement et charitablement excitée, en y bannissant les procès et la mendicité par des soins et des sacrifices, en aidant le cultivateur peu aisé, en nourrissant les vieillards infortunés, qui, comme la veuve et l'orphelin, n'ont jamais manqué de tous les secours nécessaires à la vie ; conduite et bienfaits dont la commune a toujours et dans tous les temps rendu compte exact, et qui, d'ailleurs, sont universellement connus des hommes.

« Considérant que le citoyen et citoyennes ne peuvent avoir aucune part à l'émigration dudit Claude-François-Joseph Beaurepaire, l'un de leurs fils et frère, né, dans cette municipalité, le 11 avril 1769, qui était majeur le 16 mai 1791, époque à laquelle il quitta la maison paternelle pour aller rejoindre son corps à Givet, ville frontière du Hainaut, à cent cinquante lieues du domicile de son père, et qu'on ne peut imputer à ce dernier le mauvais parti qu'aurait pris son fils.

« Le conseil, décidé par tous ces motifs, arrête, à l'unanimité des voix que : Les citoyens Alexandre Guillemin, Jacques Platteret et Jean Bretin de cette municipalité, qu'il nomme ses commissaires, se transporteront, incessamment, munis d'un extrait du présent arrêté, auprès du représentant du peuple Boisset, actuellement dans ce département, et en manifestant le vœu et le désir unanime de notre commune, solliciteront de la justice et de l'humanité de ce représentant du peuple l'élargissement du citoyen Jean-Baptiste-Joseph Beaurepaire, de son épouse et de ses cinq filles en les renvoyant dans leurs foyers.

« Les officiers municipaux de la commune du Fay

ayant connaissance que le conseil général de la commune de Beaurepaire a pris, le huit du courant mois, un arrêté pour demander au représentant du peuple Boisset la mise en liberté du citoyen Jean-Baptiste-Joseph Beaurepàire, du lieu de Beaurepaire, et de Marie-Louise-Catherine Moyria, sa femme, et de leur cinq filles, détenus dans une maison d'arrêt à Louhans, à cause de l'émigration d'un de leurs fils, qui était officier dans le régiment ci-devant Normandie dragons, et sachant comme la commune de Beaurepaire que ledit citoyen Beaurepaire, sa femme et ses filles, ne peuvent avoir aucune part à l'émigration dudit Beaurepaire, fils; que de tous les temps ledit Jean-Baptiste-Joseph Beaurepaire a été l'ami du peuple et le père des pauvres, que dans tous les temps il a aidé et soulagé les pauvres de notre commune, quoiqu'il n'en fût pas le ci-devant seigneur; qu'on ne peut leur imputer à tous l'émigration dudit Beaurepaire, fils, qui était éloigné de plus de cent cinquante lieues; l'agent national ouï, la municipalité arrête que : en son nom, le représentant du peuple Boisset sera prié de prononcer la mise en liberté du citoyen Jean-Baptiste Beaurepaire, de sa femme et de leur cinq filles; observant que ledit Beaurepaire est fort âgé, malade et infirme. Enregistré à Louhans, le 29 brumaire an III.

« Nous soussignés maire et officiers municipaux de la commune de Savigny en Revermont, Certifions au citoyen représentant du peuple Boisset, que le citoyen Jean-Baptiste-Joseph Beaurepaire, ci-devant seigneur de Beaurepaire, commune voisine de la nôtre, n'a cessé dans tous les temps de répandre ses bienfaits sur tous les habitants qui ont eu recours à lui, quoiqu'ils ne fussent pas ce qu'on appelait ses vassaux, qu'il a versé des aumônes abondantes à nos pauvres, qu'il fournis_ sait gratis des remèdes aux malades, payait même le chirurgien, donnait de l'ouvrage aux ouvriers, dans les temps où ils manquaient d'occupations, qu'il accordait sa protection aux faibles qui avaient des procès justes devant les tribunaux ; que nous lui avons vu acheter, à ses frais, et pour le soulagement de notre pays, et pour nous gagner trois lieues de chemin par chaque voiture, une carrière à notre proximité, pour l'entretien des grandes routes à notre charge, en un mot, qu'il a toujours eu, pour nous et nos voisins, un accès le plus facile et une bonté constante, vertus que partageait son épouse.

« Cette attestation est l'expression de la vérité, autant que le tribut de la reconnaissance que nous lui devons, persuadés qu'ayant été constamment l'ami du peuple et de l'humanité, le protecteur du faible et de l'indigent ; nous croyons qu'il est impossible que le citoyen Beaurepaire abuse de sa liberté pour se livrer à des projets qui feraient le malheur de ses anciens amis; nous le recommandons au citoyen Boisset, comme un voisin et un ami ; son élargissement sera un faible acquittement de la dette de nos pauvres qui le réclament.

« Fait en notre conseil, le 24 vendémiaire, troisième année républicaine.

« Le conseil général de la commune de Savigny en Revermont, assemblé le 28 vendémiaire, troisième année républicaine ;

« Il a été dit : qu'il a donné au citoyen Jean-Baptiste-Joseph Beaurepaire, ex-noble, le 24 du courant mois, un certificat de conduite morale et civique, et qu'on est informé que le représentant du peuple Boisset n'est pas venu à Louhans, à cette époque, comme on l'y attendait ; qu'il s'est rendu à Autun, et qu'on ne peut prévoir le moment de son retour.

« Considérant que les circonstances peuvent éloigner beaucoup l'élargissement dudit citoyen Beaurepaire et de sa famille, arrête que, pour accélérer cet élargissement et donner au citoyen Beaurepaire une continuation de preuves de notre reconnaissance et de notre attachement, le conseil députe le citoyen Claude Dunand, pour se rendre diligemment à Autun et partout ailleurs auprès dudit citoyen représentant du peuple Boisset, pour solliciter ledit élargissement, lequel député accepte.

« Au citoyen, représentant du peuple, Boisset. Le... brumaire an III, Alexandre Guillemin, citoyen de la commune de Beaurepaire, et Claude Dunand, de celle de Savigny; Porteurs du vœu unanime et honorable de nos communes respectives et de celles du Fay, nous venons une seconde fois réclamer de la justice la liberté de Jean-Baptiste-Joseph Beaurepaire, de Marie-Louise-Catherine Moyria, son épouse, de Louise, Joséphine et Marguerite, leurs trois filles mineures; nous déposons sous tes yeux toutes les pièces qui justifient notre mission, elles intéressent ta justice et ton humanité; tu rendras à ces communes leurs anciens amis, à la patrie des êtres bienfaisants et vertueux; nous remporterions la douleur dans nos foyers, si notre seconde démarche pouvait être sans succès, pour une nombreuse famille, à laquelle nous te prions d'accorder une subsistance à toucher sur ses propriétés. »

« Au citoyen, représentant du peuple, Boisset : Ta justice vient de préjuger sur le sort du citoyen Jean-Baptiste-Joseph Beaurepaire, sa femme, et leur cinq filles, en prononçant leur élargissement provisoire.

« Dans tous les temps, ils ont donné du pain à tous ceux de notre pays qui en manquaient, aujourd'hui ils en manquent eux-mêmes.

« Tu te trouves aujourd'hui dans une commune considérable, lieu de leur détention. Informe-toi, homme équitable, de la conduite et des vertus de cette famille malheureuse, et tu n'hésiteras pas de lui accorder la mainlevée du séquestre que leur municipalité et celles voisines de Savigny et de Fay, soutenues par ses bienfaits, viennent à juste titre te demander. Elles remettent sous tes yeux les certificats et tableau de cette famille. — Signé : GUILLEMIN. »

« Boisset, représentant du peuple, envoyé dans les départements de l'Ain et de Saône-et-Loire, pour le triomphe de la République et l'affermissement du gouvernement révolutionnaire, investis de pouvoirs illimités par le décret du 9 fructidor;

« Considérant que le citoyen Beaurepaire, âgé de soixante-huit ans, a toujours donné les preuves d'un civisme constant;

Considérant qu'il a toujours volé au secours de l'indigence, honoré et soulagé les malheureux;

« Considérant qu'il est père d'une famille composée de sept enfants qui, comme lui, se portent de tous leurs moyens à soulager l'humanité souffrante;

« Considérant qu'il a su s'allier, par sa popularité, l'estime de ses concitoyens; la reconnaissance du pauvre;

« Considérant qu'il a rendu à la patrie, à l'humanité, aux mœurs, tout ce qu'elles avaient droit d'en attendre;

« Arrête : qu'il sera définitivement mis en liberté ainsi que sa femme et ses enfants, que les scellés et les séquestres seront levés tant sur ses biens que sur ses meubles, papiers et effets; enjoint aux agents nationaux du district, où sont détenus lesdits biens, de mettre sans délai le présent à exécution.

« Fait à Louhans, le 6 brumaire an III de la République une et indivisible. — Signé : BOISSET. »

Louise-Catherine de Moyria, veuve de M. le marquis de Beaurepaire, est morte à Dijon et a été enterrée à Beaurepaire d'après l'autorisation du commissaire de police de Dijon, en date du 23 messidor an XI.

Ses enfants furent :

XII. 1° LOUISE-JACQUELINE-CHARLOTTE DE BEAUREPAIRE, Mlle DE VINCELLES, née le 6 septembre 1764[1], elle eut pour parrain Jacques de Beaurepaire, et pour marraine Marie-Charlotte de Pra-Pezeux. Morte au château de Joudes le 7 septembre 1833[2].

Elle avait épousé, le 4 février 1782[3], à Beaurepaire, GEORGES-MARIE, baron DE THOISY, seigneur de JOUDES, VILLARS, MARCILLY, BRUAILLES, né le 28 janvier 1745, capitaine au régiment de Commissaire-Général-Cavalerie, chevalier de l'ordre militaire de Saint-Louis du 15 février 1784, reçu aux États de 1781 sur preuves remontées jusqu'à Charles, son bisaïeul[4], mort à Montpellier, fils de *Marie-Michel de Thoisy*, chevalier, seigneur, baron de *Joudes*, né le 28 août 1717, mort le 30 mars 1779, qui avait épousé, en 1741, demoiselle *Anne-Louise d'Ambly*[5];

2° JACQUELINE-MARGUERITE DE BEAUREPAIRE, Mlle DE CHANDÉ, née le 26 décembre 1767, a été ondoyée le 28 du même mois au château de Beaurepaire, par permission de Son Éminence Monseigneur le cardinal de Choiseul, archevêque de Besançon, et baptisée le 30 décembre 1767; ses parrain et marraine

---

1. Pierre tombale au cimetière de Joudes (Saône-et-Loire).
2. Idem.
3. Archives de la mairie de Beaurepaire (Saône-et-Loire).
4. *Armorial de la Chambre des comptes de Dijon*, par J. d'Arbaumont. Dijon, 1881.
5. *Idem.*

sont : messire Joseph, comte de Moyria, et Marguerite de Beaurepaire, Mlle de Vincelles, chanoinesse de Neuville [1]. En 1785 était brevetée pour être reçue chanoinesse au chapitre noble de Neuville-les-Dames. Morte à Lyon le 1er jour complémentaire de l'an III [2].

Elle épouse, par contrat de 25 mars 1789 [3], HENRI-RENÉ, comte DE MONTRICHARD, né à Charlieu (Loire), mort le 21 décembre 1822, en son château de Marchangy, canton de Charlieu ; ancien page de la reine, ancien officier de cavalerie, ancien sous-préfet, maire de Saint-Pierre-la-Noailles, canton de Charlieu, fils de *Louis-Henri*, comte *de Montrichard*, seigneur de *La Brosse, Marchangy, de La Bernadière*, chevalier de l'ordre royal et militaire de Saint-Louis, ancien capitaine au régiment d'Angoumois, décédé à Charlieu, le 23 mars 1770, et de *Marie-Laurence Danguy*, morte à Charlieu, le 13 avril 1780, enterrée au cimetière Philibert [4] ;

3° JOSEPH-CLAUDE-FRANÇOIS DE BEAUREPAIRE, qui suit ;

4° AGATHE-SUZANNE DE BEAUREPAIRE, Mlle DE BRANDON, née à Beaurepaire le 31 juillet 1770, baptisée le 1er août de la même année ; son parrain a été Antoine Preuille, et sa marraine demoiselle Louise Bolien [5]. Était, en 1785, brevetée pour être reçue chanoinesse au chapitre noble de Neuville-les-Dames. Morte à Soissons le 25 février 1862 [6].

Elle avait épousé, le 13 avril 1790, messire CLAUDE-

---

1. Archives de la mairie de Beaurepaire (Saône-et-Loire).
2. Archives de l'état civil de la ville de Lyon.
3. Archives de Chalon-sur-Saône, G. G. 28.
4. Archives de la mairie de Saint-Pierre-la-Noailles, canton de Charlieu (Loire).
5. Archives de la mairie de Beaurepaire (Saône-et-Loire).
6. *Madame de Bussière*, par M. l'abbé Henri Congnet. Paris, Lethielleux, 868.

P. 114.

Ferdinand BROQUARD, écuyer, seigneur de BUS-SIÈRES, né le 13 avril 1754 [1], mort à Beaurepaire le 8 pluviôse an VI [2], conseiller au parlement de Besançon, fils de messire *Pierre-Étienne-François*, écuyer, seigneur de *Bussières* et *Lavernay*, reçu conseiller au Parlement de Besançon le 8 mai 1747 [3], marié le 21 juillet 1749 avec *Marguerite-Thérèse Lebas de Clévand*, fille de messire Joseph Lebas de Clevand, marquis de Bouclans, conseiller au même Parlement, et de dame Marie-Thérèse Hermand de Varignoles [4].

La bénédiction nuptiale leur fut donnée dans la chapelle castrale de Beaurepaire, par permission de Monseigneur l'archevêque de Besançon, en présence de M. Sebelon, curé de Beaurepaire, par M. Charles-Emmanuel-Marie Broquard de Lavernay, chanoine de l'illustre chapitre de Besançon, vicaire général du diocèse d'Embrun, coadjuteur du prieuré de Bonnevaux [5];

5° Louise-Aimée de BEAUREPAIRE, Mlle de MAUVILLY, née le 30 novembre et baptisée le 1er décembre 1772, à Beaurepaire. Elle a eu pour parrain Joseph-Claude-François de Beaurepaire, et pour marraine Louise-Jacqueline-Charlotte de Beaurepaire, ses frère et sœur.

En 1785, elle est brevetée pour être reçue au chapitre noble de Neuville-les-Dames. Morte le 21 décembre 1814.

Elle épouse, à Beaurepaire, le 6 brumaire an IV,

---

1. *Histoire de l'Université du comté de Bourgogne*, par Labbey de Billy. Besançon, 1815, t. II, p. 396.
2. Archives de la mairie de Beaurepaire (Saône-et-Loire).
3. *Histoire de l'Université du comté de Bourgogne*, par Labbey de Billy. Besançon, 1815, t. II, p. 396.
4. *Idem*.
5. Archives de la mairie de Beaurepaire (Saône-et-Loire).

— 59 —

Louis-Victor-Elisabeth PELLETIER de CLÉRY, P. 118.
né à Dijon le 16 juillet 1765, mort le 16 avril 1850;
adjudant-major du 1ᵉʳ bataillon de la brigade de
Dijon, ancien conseiller au Parlement de Bourgogne,
officier de la Légion d'honneur, fils de feu *François
Pelletier de Cléry* et d'*Élisabeth Butard des Moulats*,
demeurant à Dijon [1];

6° Marie-Joséphine-Marguerite-Désirée de BEAURE-
PAIRE, née le 30 mars 1774 et baptisée le même
jour, en la paroisse de Saint-Georges de Châlon-sur-
Saône [2]. Est en 1785 brevetée pour être reçue chanoinesse au chapitre noble de Neuville-les-Dames.

Elle épouse à Beaurepaire, le 9 thermidor
an VI, Jean-Catherin BRÉHERET de COUR- P. 119.
CILLY, âgé de trente-quatre ans, conseiller au Parlement de Paris, résidant à Paris, commune Saint-
Paul [3], fils de *Jean de Bréhéret*, seigneur *de Courcilly*, ancien capitaine au corps royal de l'artillerie,
ancien gentilhomme ordinaire du roi et chevalier
de l'ordre royal et militaire de Saint-Louis [4], et
de dame *Marie-Gabrielle-Olivier Picques*, son
épouse;

7° Marguerite-Claudine de BEAUREPAIRE, née le
18 octobre 1775 et baptisée le même jour, en l'église
Saint-Georges de Châlon-sur-Saône. Son parrain a
été messire Louis-François de Moyria, capitaine au
régiment Colonel-Général-Cavalerie, représenté par
M. Joseph, comte de Moyria, baron de Châtillon,
aïeul maternel, et sa marraine, Joséphine-Marguerite
de Beaurepaire, sa sœur, représentée par la comtesse

---

1. Archives de la mairie de Beaurepaire (Saône-et-Loire).
2. Archives de Chalon-sur-Saône, G. G, 27.
3. Archives de la mairie de Beaurepaire (Saône-et-Loire).
4. Archives de la mairie de Bouchy-le-Repos, arrondissement d'Épernay
(Marne).

de Beaurepaire-Vincelles, chanoinesse honoraire du chapitre noble de Neuville-les-Dames [1].

En 1785 elle est brevetée pour être reçue chanoinesse au chapitre noble de Neuville-les-Dames.

Elle est morte à Évreux, à l'hôtel de la préfecture, le 15 brumaire an XI, à sept heures du matin, à l'âge de vingt-huit ans [2]. « Elle fut inhumée le lendemain avec une très grande pompe, telle qu'on n'avait pas vu depuis la Révolution [3]. »

Elle avait épousé, à Paris, le 4 frimaire an IX, le chevalier AMAND-CLAUDE MASSON DE SAINT-AMAND, nommé préfet de l'Eure le 19 ventôse an VIII, installé le 7 germinal de la même année, et remplacé le 10 thermidor an XIII [4];

8° JEAN-JOSEPH DE BEAUREPAIRE, né et baptisé à Beaurepaire le 11 avril 1777. Il a eu pour parrain Jean-Joseph de Mignot de la Bevière, chevalier de l'ordre militaire de Saint-Louis, major de la place de Metz, représenté par messire Joseph de Moyria, baron de Châtillon-Corneille, grand-père maternel, et pour marraine dame Anne-Dorothée de Jouy, dame de Chouille, la Moutonnière, veuve et douairière de messire Jean-Claude de Salusse, seigneur de Nouveaux, ancien capitaine d'infanterie, représentée par dame Antoinette Marguerite de Beaurepaire, chanoinesse du haut chapitre de Neuville, sa tante paternelle [5].

Reçu chevalier de Malte le 13 août 1777 [6], il est mort en 1786;

9° JOSEPH-FRANÇOIS-XAVIER DE BEAUREPAIRE, né le

---

1. Archives de la mairie de Beaurepaire (Saône-et-Loire).
2. Mairie d'Évreux, *État civil, décès*, an IX, XI, fol. 129 du vol.
3. *Journal d'un Bourgeois d'Évreux*, p. 174.
4. Archives de l'Eure. *Dossier du personnel*.
5. Archives de la mairie de Beaurepaire (Saône-et-Loire).
6. *Nobiliaire universel de France*, par M. de Saint-Alais, t. IV.

1ᵉʳ décembre 1778, baptisé à l'église Saint-Georges de Châlon-sur-Saône le 2 du même mois. Son parrain a été Jean-Joseph, son frère; sa marraine, Agathe-Suzanne, sa sœur[1]. Reçu chevalier de Malte le 10 juillet 1779. Prieuré de Champagne[2];

10° Philippe-Antoine-Amédée de BEAUREPAIRE, né le 9 mars 1780. Reçu chevalier de Malte le 27 juin 1780, Langue de France[3]. Il était avec son frère Victor au collège près Soleure en Suisse; le directoire du département de Saône-et-Loire, dans la séance du 3 juillet 1793, considérant qu'ils n'ont quitté le domicile paternel, le 20 juillet 1790, pour d'autres causes que leur éducation, arrête : qu'ils ne sont pas réputés émigrés;

11° Joseph-Louis-Victor de BEAUREPAIRE, né à Beaurepaire, le 20 juillet 1781, a été baptisé le lendemain. Son parrain a été messire Claude-Joseph de Moyria-Mailla, capitaine de dragons au 4ᵉ régiment de chasseurs à cheval, représenté par M. Jean-François-Exavier Buisson, et sa marraine Louise-Aimée de Beaurepaire-Mauvilly, sa sœur[4].

Mort à l'île Saint-Domingue au commencement de l'an XI. Il servait sous les ordres du général Leclerc;

12° Sylvestre de BEAUREPAIRE, mort au château de Beaurepaire le 17 janvier 1788, âgé d'environ cinq ans[5].

XII. Joseph-Claude-François, marquis de BEAUREPAIRE, né à Beaurepaire le 11 avril et baptisé le 12 du même

---

1. *Registres de la paroisse Saint-Georges* de Chalon-sur-Saône.
2. *Nobiliaire universel de France*, par M. de Saint-Alais, t. IV.
3. *Nobiliaire universel de France*, par M. de Saint-Alais, t. IV.
4. Archives de la mairie de Beaurepaire (Saône-et-Loire).
5. Idem.

mois de l'année 1769. Son parrain a été Claude Gurguet, sa marraine demoiselle Marguerite Mollet[1].

Cadet gentilhomme à l'École militaire le 1ᵉʳ avril 1783. Rang de sous-lieutenant dans les troupes le 11 avril 1784. A quitté l'École le 14 mai 1785. Sous-lieutenant au régiment de chasseurs du Gévaudan le 21 août 1786. Passé au régiment de chasseurs à cheval de Normandie (devenu 11ᵉ régiment) le 15 mai 1788. Émigré en 1791. Breveté capitaine le 27 janvier 1815 avec rang du 21 août 1797. Chevalier de Saint-Louis le 31 octobre 1815.

Services en émigration : admis en 1792 dans la cavalerie commandée par le comte de la Châtre, passé en 1795 au régiment des hussards de Salm. A cessé de servir à la fin de 1797. Campagne de 1792 à 1797 aux armées des Princes et de Condé[2].

Officier de l'Ordre royal de la Légion d'honneur le 31 mai 1825.

Député du département de Saône-et-Loire de 1815 à 1827, il siégeait sur les bancs de la droite[3].

Pair de France par ordonnance du 4 novembre 1827[4].

Membre du conseil municipal de Beaurepaire les 26 août 1810 et 16 juillet 1817[5].

Maire de la commune de Beaurepaire les 7 avril 1813 et 18 juillet 1819[6].

Mort à Paris, sur la paroisse Saint-Philippe-du-Roule, le 10 juin 1854[7].

---

1. Archives de la mairie de Beaurepaire (Saône-et-Loire).
2. Archives du ministère de la guerre.
3. *Correspondance du comte de Serre*, t. III, p. 474. Lettre 829, du 9 janvier 1820.
4. *Annuaire de la noblesse*, par Borel d'Hauterive, 1843.
5. Archives de la mairie de Beaurepaire (Saône-et-Loire).
6. Idem.
7. Enterré au cimetière du Nord (Montmartre), 32ᵉ division, 1ʳᵉ ligne, n° 49, allée Saint-Charles.

Il avait épousé à Chalon-sur-Saône, le 1ᵉʳ fructidor an IX, Pierrette-Jeanne CHIQUET, née le 26 février 1779 à Chalon-sur-Saône, baptisée le même jour, a eu pour parrain Messire Jacques Morel de Duhesme, écuyer, officier au régiment de Beauvoisy, oncle maternel, et pour marraine demoiselle Pierrette Jomard, tante paternelle [1]. Morte à Paris sur la paroisse Saint-Roch le 14 décembre 1833 [2], fille de Messire *Jean-Chrysostome Chiquet,* chevalier, seigneur de *Bresse-sur-Grosne, Le Noble, La Racineuse, Fley,* mort à Chalon sur la Saône le 3 octobre 1782 [3], âgé de cinquante-deux ans, et de *Marguerite Morel de Duhesme de Corberon,* morte au mois de septembre 1783 [4], fille de Louis Morel [5], écuyer, seigneur de Duhesme et de Quemigny, maître des comptes en 1739, et de Jeanne-Marie Pasquier [6].

Il épouse en secondes noces, en 1834, Louise-Népomucène de FRAGSTEIN, morte à Paris, à la maison de la Santé, le 26 juillet 1870, à l'âge de quatre-vingt-trois ans.

Il eut pour enfants, de sa première femme :

XIII. 1° Victor-Xavier-Marguerite de BEAUREPAIRE, qui suit;

2° Zoé-Françoise-Antoinette de BEAUREPAIRE, née à Chalon-sur-Saône, le 31 décembre 1803, morte à Tours le 2 juin 1871 [7];

---

1. *Registres de l'état civil* de Chalon-sur-Saône, déposés au greffe de la ville.
2. Enterrée au cimetière du Nord (Montmartre), 32ᵉ division, 1ʳᵉ ligne, n° 49, allée Saint-Charles.
3. *Registres de l'état civil* de Chalon-sur-Saône, déposés au greffe de la ville.
4. Pierre tombale au cimetière de Mervans, canton de Pierre, arrondissement de Louhans (Saône-et-Loire).
5. *Histoire du canton de Sennecey-le-Grand* (Saône-et-Loire), par L. Niepce. Lyon, 1875.
6. *Armorial de la Chambre des comptes de Dijon,* par J. d'Arbaumont. Dijon, Lamarche, 1881.
7. Enterrée au cimetière de Versailles (Seine-et-Oise).

P. 123.

Elle épouse, le 30 mai 1822, Louis-Claude-Gustave comte de DRÉE, fils d'*Étienne*, marquis de *Drée*, et de *Marie-Charlotte de Clermont-Montoison*; né le 19 décembre 1784, à Roanne (Loire).

Chevalier de la légion d'honneur le 23 août 1814[1]. Mort le 4 septembre 1836[2].

P. 127.

Elle épouse en secondes noces, le 27 juillet 1837, le comte Emmanuel de MARSEUL, né le 1er octobre 1804 à Windham (Haut Canada);

P. 126.

3° Georgette-Claudine de BEAUREPAIRE, née le 26 juillet 1806, épouse le 2 décembre 1823 Joseph-Antoine-Frédéric RENAUD, comte de BOIS-RENAUD, né à la Haye (Hollande), le 31 décembre 1795, mort à Paris sur la paroisse Saint-Thomas d'Aquin, le 22 avril 1869[3], fils de *Pierre Joseph*, chevalier de Saint-Louis, mort à Paris le 22 avril 1816[4], âgé de soixante-trois ans, et d'*Angélique du Chambge*.

XIII. Victor-Xavier-Marguerite, marquis de BEAUREPAIRE.

Né à Dijon le 24 thermidor an X (15 août 1802). Nommé Maire de Beaurepaire les : 25 novembre 1834, 11 juillet 1837, 19 août 1840, 16 octobre 1846, 19 août 1848, 30 juillet 1852, 14 juin 1855, 14 juillet 1860[5].

Membre du conseil municipal de Beaurepaire les :

---

1. Archives du ministère de la guerre.
2. Enterré à Sennecey-lez-Mâcon (Saône-et-Loire).
3. Enterré au cimetière de l'Est (Père-Lachaise), 44e division, 1° ligne, face la 45e division.
4. Idem.
5. Archives de la mairie de Beaurepaire en Bresse (Saône-et-Loire).

30 juillet 1848, 19 septembre 1852, 15 juillet 1855, 19 août 1860[1].

Membre du conseil général de Saône-et-Loire : le 6 janvier 1851, 2 août 1852, 14 juin 1858[2].

Mort à Beaurepaire le 8 mai 1865.

Il avait épousé le 2 juillet 1828, à Paris, LOUISE-MARIE-GABRIELLE DE LA CROIX DE CASTRIES, née le 13 juin 1811, morte à Paris sur la paroisse Saint-Thomas d'Aquin, le 27 février 1876[3], fille de *Eugène-Hercule de La Croix*, comte *de Castries*, né à Paris le 14 avril 1790, mort à Paris le 14 avril 1825[4], et de *Agathe-Geneviève-Augustine-Aglaé de Séran*[5], née le 3 janvier 1790, morte à Paris le 1ᵉʳ septembre 1878[6], fille de Jean-Baptiste-François, vicomte de Séran, capitaine de cavalerie, né au village de Seyne en Provence, le 8 novembre 1756, mort à Paris, le 12 janvier 1843[7], marié le 4 juin 1787 à Eugénie-Philippine Fyot de La Marche, née à Dijon, le 11 janvier 1767, morte à Paris le 22 mars 1841[8], fille de Jean Fyot, marquis de La Marche, seigneur de Dracy, mort à Goussonville, le 11 avril 1822, âgé de soixante-dix-huit ans et quatre jours[9], et de Judith Joly de La Borde[10].

---

1. Archives de la mairie de Beaurepaire en Bresse (Saône-et-Loire).
2. Idem.
3. Enterrée au cimetière de Beaurepaire en Bresse (Saône-et-Loire).
4. Enterré au cimetière de la Norville, près Arpajon (Seine-et-Oise).
5. *Notes prises aux archives de l'état civil de Paris*, par le comte de Chastellux. Paris, Dumoulin, 1875.
6. Enterrée au cimetière de la Norville, près Arpajon (Seine-et-Oise).
7. Enterré au cimetière du Sud (Montparnasse), 16ᵉ division, 1ʳᵉ ligne, 103ᵉ par l'ouest.
8. Idem.
9. Enterré au cimetière de Goussonville, près Mantes (Seine-et-Oise).
10. *Armorial de la Chambre des comptes de Dijon*, par J. d'Arbaumont. Dijon, Lamarche, 1881.

Ils ont pour enfants :

XIV. 1° CLAUDINE-MARIE-ROBERTINE DE BEAUREPAIRE, née à Paris le 9 septembre 1829;

2° PAUL-FRANÇOIS DE BEAUREPAIRE, né au château de La Norville le 19 novembre 1830, mort à La Norville le 21 juillet 1831 [1];

3° FRANÇOIS-EUGÈNE-HENRI DE BEAUREPAIRE, qui suit ;

4° PAUL-JOSEPH-AUGUSTIN DE BEAUREPAIRE, né à Paris le 26 février 1834. Membre du conseil d'arrondissement de Louhans (Saône-et-Loire) [2].

Il épouse, à Paris, en l'église Saint-Thomas-d'Aquin, le 18 novembre 1863, Mlle LOUISE-CHANTAL-MARIE DE GARIDEL-THORON, née le 9 octobre 1840, morte à Beaurepaire le 26 avril 1880. « Cette mort si prématurée atteint cruellement une famille dont le nom est synonyme d'honneur et de fidélité. Elle laisse de pieux souvenirs de vertu, de dévouement, de charité. Ses nombreux enfants trouveront dans les exemples de leur mère une consolation au malheur qui les a frappés si opinément, et nous déposons sur cette tombe l'hommage de notre douloureuse sympathie [3]. »

Elle était fille de *Charles-Ferdinand de Garidel-Thoron*, ancien capitaine du génie militaire, chevalier de la Légion d'honneur, et de *Mathilde-Camille-Joséphine de Crousaz-Crétet*, morte au château de Beaumont (Allier), le 1er avril 1876, dans sa soixante-troisième année.

---

1. Enterré au cimetière de la Norville, près Arpajon (Seine-et-Oise).
2. Archives de la mairie de Beaurepaire en Bresse (Saône-et-Loire).
3. Journal *l'Union*, 14 mai 1880.

Ils ont pour enfants :

XV. 1° Bruno-Marie-Augustin de BEAUREPAIRE, né à Beaurepaire le 17 octobre 1864. Baptisé le même jour dans l'église de Beaurepaire. Le parrain a été Bruno-Charles-François de Garidel-Thoron, son grand-père, et la marraine, Geneviève-Agathe-Augustine-Aglaé de Séran, comtesse E. de Castries, son arrière-grand'mère paternelle. Il est mort à Beaurepaire le 5 mars 1868 ;

2° Henriette-Émilie-Marguerite-Marie de BEAUREPAIRE, née à Beaurepaire le 8 août 1866. Baptisée le lendemain dans l'église de Beaurepaire. Le parrain a été François-Eugène-Henri, marquis de Beaurepaire, son oncle; et la marraine, Émilie Bréhéret de Courcilly, baronne de Crousaz-Crétet, son arrière-grand'mère maternelle ;

3° Marie-Joséphine-Aglaé-Gabrielle de BEAUREPAIRE, née à Beaurepaire le 21 décembre 1867. Baptisée le même jour dans l'église de Beaurepaire. Le parrain a été Joachim-Joseph-Léon de Garidel-Thoron, son grand-oncle, et la marraine Louise-Marie-Gabrielle de La Croix de Castries, marquise de Beaurepaire, sa grand'mère;

4° Marie-Joséphine-Georgette-Mathilde de BEAUREPAIRE, née et baptisée à Beaurepaire le 21 février 1869. Le parrain a été Georges-Gaspard de Beaurepaire, son oncle; la marraine, Mme de Garidel-Thoron, née Mathilde-Camille-Joséphine de Crousaz-Crétet, sa grand'mère;

5° Marie - Françoise - Marguerite de

BEAUREPAIRE, née à Beaurepaire le 4 mars 1870. Baptisée le lendemain dans l'église de Beaurepaire. Son parrain a été le baron Emmanuel de Crousaz-Crétet, son grand-oncle maternel; la marraine, Zoé-Françoise-Antoinette de Beaurepaire, comtesse de Marseul, sa grand'tante paternelle ;

6° GEORGES-JOACHIM-JOSEPH DE BEAUREPAIRE, né à Beaurepaire le 9 octobre 1873. Baptisté le lendemain dans l'église de Beaurepaire. Son parrain a été M. Joachim de Garidel-Thoron, son oncle; la marraine, Claudine-Georgette de Beaurepaire, comtesse de Boisrenaud, sa grand'tante ;

7° MARIE-JEAN-GASTON DE BEAUREPAIRE, né et baptisé à Beaurepaire le 2 novembre 1874. Le parrain a été Gaston-Louis-Marie de Garidel-Thoron, son oncle; la marraine, Jeanne-Adélaïde-Valentine de La Croix de Castries, vicomtesse de Choiseul, sa grand'tante paternelle ;

8° PIERRE-MARIE-JOSEPH DE BEAUREPAIRE, né à Beaurepaire le 29 décembre 1875, baptisé le lendemain dans l'église de Beaurepaire. Le parrain a été Pierre-Henri de Beaurepaire, son oncle; la marraine, Mme Joachim de Garidel-Thoron, née Valentine du Bouys, sa tante ;

9° MARIE-FRANÇOISE-THÉRÈSE DE BEAUREPAIRE, née à Beaurepaire le 17 mai 1877 et baptisée le lendemain dans l'église de Beaurepaire. Son parrain a été Bruno-Charles-François de Garidel-Thoron, son grand-père; la marraine, Claudine-Marie-Robertine de Beaurepaire, sa tante.

5º A ntoine-Félix de BEAUREPAIRE, né à Paris, le 23 janvier 1836. Autorisé par ordonnance du 16 août 1843 à ajouter à son nom celui de : « de la Marche »[1], nom de son grand-oncle maternel, qui l'a institué son héritier universel. Mort à Paris, le 12 janvier 1883, sur la paroisse Saint-Augustin;

6º Rose-Marie-Geneviève de BEAUREPAIRE, née à Paris, le 6 juin 1837, épouse à Beaurepaire, le 14 juillet 1860, Jean-Baptiste-Amable, dit Emmanuel de ROCHEFORT, né à Orcet, le 14 janvier 1830, fils de *Jean-Emmanuel de Rochefort* et de dame *Pauline Rollet des Marais;*   P. 130.

7º Georges-Gaspard de BEAUREPAIRE, né à Paris le 21 août 1838. Engagé volontaire au 8º régiment de dragons le 6 mai 1856. Brigadier le 22 novembre 1856. Sous-officier le 20 juillet 1858. Sous-lieutenant au 5º régiment de cuirassiers le 31 décembre 1863. Lieutenant en second le 8 août 1869. Lieutenant en premier le 16 mai 1871. Officier d'ordonnance du général commandant la 20º division militaire, à Clermont-Ferrand, le 8 juillet 1871. Capitaine le 22 avril 1872. Démissionnaire le 22 mai 1872. Rayé des contrôles le 27 du même mois.

Campagne contre l'Allemagne, du 17 juillet 1870 au 7 avril 1871. Prisonnier de guerre, à Sedan, le 2 septembre 1870. En captivité à Halberstadt, province de Magdebourg (Prusse). Rentré en France le 7 avril 1871;

8º Pierre-Henri de BEAUREPAIRE, né à Paris, le 5 février 1841, épouse à Joudes (Saône-et-Loire), le 19 février 1867, Jeanne-Marie-Gabrielle de

---

1. *Dictionnaire des personnes qui ont fait modifier leurs noms,* d'après le *Bulletin des lois,* par M. Buffin.

P. 109.

THOISY, née à Cessey, près Vitteaux (Côte-d'Or), le 5 février 1846, fille de *Charles-Louis-Georges*, baron *de Thoisy*, et de *Marie-Germaine-Laure Dugon;*

P. 132.

9° Marie-Corentine de BEAUREPAIRE, née à Paris, le 9 février 1843, épouse à Paris, à l'église Saint-Thomas-d'Aquin, le 19 février 1873, Yoland-Marie-René, vicomte de SAINT-MAURIS, né à Saint-Amour (Jura), le 29 août 1837, fils de *Louis-Alfred*, comte *de Saint-Mauris*, et de *Marie-Louise-Vincente-Félicité Guillaume de Chavandon*. Mort à Beaurepaire, le 5 février 1883.

XIV. François-Eugène-Henri, marquis de BEAUREPAIRE.

Né à Paris le 10 février 1833.

Membre du Conseil d'arrondissement de Louhans (Saône-et-Loire), le 20 juin 1864. Membre du conseil municipal de Beaurepaire, le 23 juillet 1865 et 30 avril 1871, maire de Beaurepaire le 26 août 1865, membre du conseil général de Saône-et-Loire, le 7 août 1865 et le 5 août 1867.

Il épouse à Paris, à l'église Saint-Thomas-d'Aquin, le 28 mai 1873, mademoiselle Marie-Charlotte-Elizabeth de RAINCOURT, née le 19 août 1843, à Troissy (Marne), fille de *Jean-Baptiste-Charles-Prosper* marquis *de Raincourt* et *Marie-Adrienne-Jeanne-Henriette-Mathilde Orillard de Villemanzy*, marquise *de Raincourt*.

Ils ont pour enfants :

XV. 1° Xavier-Prosper-Marie-Joseph de BEAUREPAIRE, né à Beaurepaire le 23 février 1874, baptisé le lendemain à l'église de Beaurepaire. Son parrain a été Jean-Baptiste-Charles-Prosper, marquis de Raincourt, son grand-père maternel; la marraine, Geneviève-

Augustine-Aglaé de Séran, comtesse E. de Castries, son arrière-grand' mère paternelle;

2° Paul-Marie-Joseph de BEAUREPAIRE, né et baptisé à Beaurepaire le 2 avril 1875. Son parrain a été Paul-Joseph-Augustin, vicomte de Beaurepaire, son oncle, et sa marraine, Marie-Adrienne-Jeanne-Henriette-Mathilde Orillard de Villemanzy, marquise de Raincourt, sa grand'-mère;

3° Charles-Valentin-Marie-Joseph de BEAUREPAIRE, né à Beaurepaire, le 1ᵉʳ août 1876. Mort le même jour;

4° Gabrielle-Georgette-Marie-Joséphine de BEAUREPAIRE, né à Beaurepaire le 3 juillet 1877. Baptisée le lendemain à l'église de Beaurepaire. Son parrain a été le comte Georges de Beaurepaire, son oncle; sa marraine, Mᵐᵉ Jules de Buyer, née Marie-Élisabeth-Jeanne-Joséphine de Raincourt, sa tante;

5° Albert-Marie-Joseph de BEAUREPAIRE, né et baptisé à Beaurepaire le 22 juin 1879. Le parrain a été le vicomte Albert de Raincourt, son oncle; la marraine, Mˡˡᵉ Robertine de Beaurepaire, sa tante;

6° Pirrre-Alexis-Marie-Joseph de BEAUREPAIRE, né à Beaurepaire le 1ᵉʳ août 1880. Baptisé, le 2, à l'église de Beaurepaire. Il a eu pour parrain le comte Pierre de Beaurepaire, son oncle; pour marraine, la comtesse Louis de Vaulchier, née de Raincourt, sa tante. Mort à Beaurepaire le 11 février 1882;

7° Eugène-Marie-Joseph de BEAUREPAIRE, né à Beaurepaire le 5 novembre 1881. Baptisé le lendemain à l'église de Beaurepaire. Son parrain était le baron Eugène de Raincourt, son oncle; sa marraine, Mᵐᵉ Emmanuel de Rochefort, née de Beaurepaire, sa tante;

8° Marie-Josépphine-Pierrette du BEAUREPAIRE, née à Beaurepaire le 9 mars 1883, baptisée le 10 dans la chapelle du château; le parrain a été Pierre de Raincourt, son oncle maternel; la marraine, la vicomtesse de Saint-Mauris, née de Beaurepaire, sa tante paternelle.

DESCENDANCES

SE RATTACHANT A LA

MAISON DE BEAUREPAIRE

FLÉRON

. II. Girard de FLÉRON, écuyer, demeurant à Villafens en la diocèze de Besançon, épouse Jehannette de Belre- paire, fille de *Richard de Belrepaire*, écuyer, et de *Marguerite*, sa femme.

Jehannette de Belrepaire fait à son frère Guillaume la cession et transport de tous ses droits sur les successions de ses père et mère, pour le prix de 30 florins d'or, par acte du lundi après la Saint-Clément, vingt-quatrième jour du mois de novembre 1399, et sur les biens meubles et immeubles par eux délaissés ez paroisses de Broaille et de Bel-repaire. Cet acte passé à Villafens, hôtel de ladite demoiselle et dudit seigneur de Fléron, son mari.

PERRIER

P. 5.   V. Denys du PERRIER, écuyer, épouse Claude de BEL-REPAIRE, unique héritière de feu Humbert de Belrepaire, son oncle, dont elle accepte la succession sous bénéfice d'inventaire le 2 juin 1518, fille de noble homme *Jehan de Belrepaire,* écuyer, et de *Marguerite Faulquier,* sa femme.

FRANGEY

V. Claude de **FRANGEY**, l'ancien, épouse Jeanne de **BEAUL-** REPAIRE, fille de *Jacques de Beaulrepaire*, seigneur de *Beaulrepaire* et de *Chichevières*, baron de *Saillenard*, et de demoiselle *Claude de Chevalot*, dame de *Vornes* et de *Magny*, en partie.

Reprise de fief et dénombrement des 17 avril et 30 mai 1559, de certaine chevance au finage de Lais-sur-le-Doux, consistant en quelques héritages y confinés et en plusieurs cens succinctement détaillés, par Gabriel de Bonard, écuyer, seigneur de Santenay, en partie; acquéreur, par décret, puis naguère, sur Claude de Frangey l'ancien, et Jeanne de Beaulrepaire, sa femme; et sur Claude de Frangey le jeune, son fils, et Jeanne de Saigey, sa femme [1].

Pour enfant :

VI. Claude de **FRANGEY**, qui suit.

VI. Claude de **FRANGEY** épouse Jeanne de **SAIGEY** et Philippe de **SUGNY**.

Le 12 mai 1554, tutelle contre damoiselle Philippe

---

1. Archives de Dijon. *Inventaire de la Chambre des comptes*, vol. X, p. 368.

de Sugny, femme de noble seigneur François de Ronchault, mère des nobles Claude et Françoise de Frangey, enfants mineurs de Claude de Frangey, son premier mari, assistée de noble seigneur Jean de Beaulrepaire le jeune, Jean de Saulbier, seigneur de Saint-Bonnet, Adrien Bouton, seigneur de Pierre, François de Fay et Claude de Plaine-Ouseaul, écuyer, parents et voisins desdits mineurs; à cause de la mort de damoiselle Jeanne de Beaulrepaire, grand'mère desdits mineurs, décédée au lieu de Laiz; Jean de Beaulrepaire l'aîné, étant prisonnier de guerre, et étant plus proche parent avec ses autres frères et sœurs, à cause de feu le seigneur de Beaulrepaire, qui était frère germain de la grand'mère desdits mineurs [1].

Ils ont pour enfants :

VII. 1° Claude de FRANGEY;

2° Françoise de FRANGEY.

---

1. Archives de Dijon. *Extrait de l'inventaire de la Chambre des comptes.* vol. XXVIII, p. 1120.

MONTAGUT DE MOYRON

Armes : De gueules à un croissant montant d'argent [1].

VII. Guillaume de MONTAGUT, sieur de MOYRON, épouse le 10 juillet 1594 Jeanne de BEAULREPAIRE, héritière de la terre d'Amagne de Jean de Lantenans, son oncle [2]; fille de *Jehan de Beaulrepaire* et de *Jeanne de Lantenne*.

P. 9.

---

1. *Galerie héraldo-nobiliaire de Franche-Comté,* par L. Suchaux. Vesoul, 1878, t. II, p. 55.
2. *Statistique historique de l'arrondissement de Dôle,* par A. Marquiset, sous-préfet. Besançon, 1842, t. II, p. 315.

PRA-BALLAYSAULX

Armes : Écartelé de Choiseul et de Balay, et sur le tout : de gueules à la bande d'argent, accompagnée de deux cornets de même [1].

Cette famille tire son nom du village de Pra, près Saint-Claude [2].

P. 9. VII. Le sieur DE PRA-BALLAYSAULX épouse JEANNE DE BEAULREPAIRE, héritière de Jean de Lantenne, son oncle, de la seigneurie d'Amagne; veuve de Guillaume de Montagut, sieur de Moyron, qu'elle avait épousé le 10 juillet 1594; fille de *Jehan de Beaulrepaire* et de *Jeanne de Lantenne*.

---

1. *La Noblesse aux États de Bourgogne*, Beaune et d'Arbaumont. Dijon, Lamarche, MDCCCLXIV.
2. *Idem.*

MONTRICHARD

Armes : De vair à une croix de gueules [1].

Cette maison figure presque sans interruption dans les registres de l'ordre de Saint-Georges depuis l'an 1461, jusque dans les derniers temps [2].

VII. ANATOILE DE **MONTRICHARD**, fils de *Jacques de Montrichard* et de *Jeanne de Montrichard*, sa germaine, épouse ÉTIENNETTE DE BEAULREPAIRE [3], fille de *Jehan de Beaulrepaire* et de *Jeanne de Lantenne*.　P. 9.

En 1619, elle possédait la seigneurie d'Amagne, comme héritière de Jean de Lantenne, son oncle [4].

Ils ont pour enfants :

VIII. 1° JEANNE DE MONTRICHARD, mariée à MARC-ANTOINE DE MONTRICHARD, son germain, fils de　P. 137.

---

1. *Armorial général de la France*, par Charles d'Hozier. Franche-Comté. Dijon, 1875, p. 112.
2. *Histoire de l'Université du comté de Bourgogne*, par Labbey de Billy. Besançon, 1815, t. II, p. 123.
3. *Mémoires historiques sur la ville et la seigneurie de Poligny*, par F.-F. Chevalier. Lons-le-Saunier, 1769, t. II, p. 394.
4. *Statistique historique de l'arrondissement de Dôle*, par A. Marquiset, sous-préfet. Besançon, 1842, t. II, p. 315.

Claude de Montrichard et de *Claudine de Vaudrey*;

P. 139.

2º Étiennette de MONTRICHARD, mariée à Gabriel de VAUDREY, seigneur de VALLEROY;

P. 140.

3º Georgine de MONTRICHARD, mariée à Jean-Baptiste de MONTRICHARD, son cousin germain, fils de *Hector de Montrichard* et de *Claudine de Chassagne;*

4º Gabriel de MONTRICHARD, mort jeune, prieur de Vellexon[1].

---

1. *Histoire de l'Université du comté de Bourgogne,* par Labbey de Billy. Besançon, 1815, t. II, p. 129.

SOLON

VII. Philippe de SOLON, écuyer, seigneur en partie de Gamay, épouse Philiberte de BEAULREPAIRE, fille de *Jehan de Beaulrepaire*, l'aîné, et de *Jeanne de Lantenne*.

P. 9.

Il était mort en 1568 et laissait deux fils :

VIII. 1° N. de SOLON, au service du roi, homme d'armes dans la compagnie de monseigneur de Vaudemont, 1568-1569[1];

2° N. de SOLON, au service du roi, homme d'armes dans la compagnie de monseigneur de Listinay, 1568-1569[2].

---

1. Archives de Dijon. *Inventaire de la Chambre des comptes*, vol. XXVIII, p 645.
2. Idem.

MONTAGUT

P. 10. **VI.** LAURENT DE MONTAGUT épouse PHILIBERTE DE BEAUL-REPAIRE, fille de *Claude de Beaulrepaire* et de *Guillemette de Salins*. Philiberte est mentionnée dans un acte de 1549.

MONTIGNY

VI. LAURENT DE MONTIGNY épouse PHILIBERTE DE BEAUL- P. 10.
REPAIRE, sœur de Jean de Beaulrepaire, l'ancien,
fille de *Claude de Beaulrepaire* et de *Guillemette de
Salins*[1].

---

1. Archives de Dijon. *Inventaire de la Chambre des comptes*, vol. XXVIII, p. 117.

DURESTAL

P. 11. **VI.** OLIVIER DE **DURESTAL** épouse JEHANNE DE **BEAUL-REPAIRE**, elle était morte le 16 mai 1597 ; fille de *Claude de Beaulrepaire*, seigneur de *Beaulrepaire*, de *Chichevières* et de *Vornes*, et de damoiselle *Philiberte du Pin*.

POLIGNY

Armes : De gueules au chevron d'argent [1].

De l'ancienne et considérable maison qui prit son nom de la châtellenie de Poligny, et le porta depuis le douzième siècle jusque vers la fin du dix-huitième, son dernier représentant mâle n'ayant eu que des filles.

Gollut cite les Poligny «parmi les gentilshommes, en Bourgogne, déjà cogneus au temps de la comtesse Alix (1248-1278) pour fort nobles et illustres [2] ».

X. François-Gabriel de POLIGNY, seigneur d'Evans, Augea, Berthelanges, fils de *François de Poligny*, seigneur d'*Augea*, et d'*Etiennette Jacques*, dame *de Nans*.

Ses ancêtres lui conservèrent un fief et une chevance de l'ancien patrimoine de la maison de Poligny à Thoulouse et à Darbonnai, en signe de leur origine [3].

Il épouse, à Beaurepaire, par contrat du 19 avril 1711 [4] (la bénédiction nuptiale leur fut donnée le même jour par M. Pouillard, curé de Beaurepaire [5]), Claudine-Antoi-

---

1. *Galerie héraldo-nobiliaire de la Franche-Comté*, par L. Suchaux. Vesoul, 1878, t. II, p. 139.
2. *Idem.*
3. *Mémoires historiques sur la ville et seigneurie de Poligny*, par F.-F. Chevalier. Lons-le-Saunier, 1767, t. II, p. 262.
4. Archives de la mairie de Beaurepaire.
5. Greffe du tribunal civil de Louhans.

P. 33.   NETTE DE BEAUREPAIRE[1], reçue au nombre des dames Religieuses du chapitre noble de Château-Chalon, suivant le procès-verbal du 4 janvier 1700. Elle était fille de *Gaspard-Marie*, chevalier, marquis *de Beaurepaire*, et de *Anne-Marie d'Hénin-Liétard*.

Il fut père de :

XI. 1° Claude-Charles-Ferdinand DE POLIGNY, qui suit;

2° Simonne DE POLIGNY, chanoinesse à Lons-le-Saunier[2];

3° Antoinette DE POLIGNY, chanoinesse à Lons-le-Saunier[3];

4° Marguerite DE POLIGNY, chanoinesse à Lons-le-Saunier[4];

P. 142

5° Françoise-Gasparine DE POLIGNY[5] épouse, en 1738, François-Marie-César, marquis de VAULCHIER DU DESCHAUX[6], né à Dôle, brigadier des armées du roi, mort en 1766[7].

XI. Claude-Charles-Ferdinand DE POLIGNY, seigneur d'Evans et d'Augea, mort en 1776[8]. Chevalier de Saint-Georges en 1775[9].

---

1. *Dictionnaire géographique, historique et statistique des communes de Franche-Comté*, par A. Rousset, t. III. p. 78.

2. *Mémoires historiques sur la ville et seigneurie de Poligny*, par F.-F. Chevalier. Lons-le-Saulnier, 1767, t. II, p. 262.

3. *Idem.*
4. *Idem.*
5. *Idem.*

6. *Dictionnaire géographique, historique et statistique des communes de Franche-Comté*, par A. Rousset, t. II, p. 382.

7. *Statistique historique de l'arrondissement de Dôle*, par A. Marquiset. Besançon, 1842, t. II, p. 438.

8. *Dictionnaire géographique, historique et statistique des communes de Franche-Comté*, par A. Rousset, t. III, p. 78.

9. *La Chevalerie de Saint-Georges en Franche-Comté*, par Ch. Thuriot, Poligny, G. Mareschal, 1878.

Le château moderne d'Evans fut son ouvrage, il l'entoura de superbes jardins dessinés sur des plans laissés par Le Nôtre. Il rendit à la culture des terrains fertiles et assura la salubrité, en donnant un cours régulier aux eaux stagnantes de l'étang.

Peu d'années avant sa mort, il fit remise à la ville de Poligny de ses droits sur les boucheries, derniers vestiges des droits seigneuriaux de ses ancêtres dans cette ville.

Il entra de bonne heure au service sous les ordres d'un de ses oncles, lieutenant général des armées du roi, commandant en Provence, et devint capitaine au régiment du roi et chevalier de Saint-Louis. Un coup de feu qu'il reçut dans la poitrine, à la retraite de Prague, ne lui permit pas de suivre jusqu'au bout sa carrière militaire.

Plus tard cette blessure se rouvrit et contribua à précipiter sa fin.

Il fut emporté en deux jours, à l'âge de cinquante-neuf ans [1].

Il avait épousé ANNE-JOSÉPHINE MIGNOT DE LA BÉVIÈRE [2], dont il eut quatre enfants :

XII. 1° MARIE-ANTOINETTE-CÉSARINE DE POLIGNY, épouse M. AUGUSTIN DE FRAGUIER ;   P. 154.

2° MARIE-JOSEPH-GABRIELLE DE POLIGNY, chanoinesse ;

3° JEANNE-BAPTISTE-MARIE-ANTOINETTE-ANNE DE POLIGNY, épouse JEAN-BAPTISTE-ANTOINE LE PRESTRE,   P. 100.

---

1. *Un Procès en revision de noblesse*, par le comte Hugon de Poligny. Besançon. J. Jacquin, 1876, p. 206.

2. *Dictionnaire géographique, historique et statistique des communes de Franche-Comté*, par A. Rousset, T. III, p. 78.

vicomte de VAUBAN, né à Neuville-les-Dames en Bresse, le 7 septembre 1758[1];

P. 155.
4° Marie-Jeanne-Xavière de POLIGNY épouse Charles-François-Xavier HUGON d'ANGICOURT.

---

1. *Généalogie de la famille Le Prestre de Vauban*, par L.-P. Desvoyes. Semur, 1873.

LAURENCIN-BEAUFORT

Armes : De sable au chevron d'or, accompagné de trois étoiles d'argent, posées deux en chef et une en pointe.

Devise : Lux in tenebris, et post tenebras spero lucem [1].

―――

Il y a eu dans la province du Lyonnais, et dans quelques autres du royaume, différentes familles nobles du nom de LAURENCIN, celle dont il s'agit ici est noble de race et d'extraction [2].

Elle a fourni un grand nombre d'échevins de Lyon de 1471 à 1563 [3]

―――

X. PHILIPPE, comte DE LAURENCIN, seigneur de BEAUFORT, FLACEY, CRÈVECŒUR, ancien capitaine de cavalerie au régiment de Marcillac, mort à Beaufort le 13 janvier 1768 [4], fils de *Antoine de Laurencin-Persange,* major du régiment de Dauphiné-Infanterie, et de *Françoise de Berton,* fille d'Etienne de Berton, conseiller du roi, seigneur de Beaufort, Flacey, Maynal, le Perron et de

―――

1. *La Noblesse aux États de Bourgogne,* par Beaune et d'Arbaumont. Dijon, Lamarche, 1864, p. 218.
2. *Histoire de l'Université du comté de Bourgogne,* par Labbey de Billy. Besançon, 1815, t. II, p. 275.
3. *La Noblesse aux États de Bourgogne,* par Beaune et d'Arbaumont. Dijon, Lamarche, 1864, p. 218.
4. *Registres de l'état civil* de Beaufort (Jura).

Françoise de Blauf[1] ; avait épousé par contrat, du 27 janvier 1711 (bénédiction nuptiale le 8 février 1711), passé à Beaurepaire devant Jean Dalivoy, notaire royal[2], SIMONNE-GABRIELLE DE BEAUREPAIRE, reçue au chapitre noble de Sainte-Claire en la ville de Lons-le-Saunier, suivant qu'il est établi par le procès-verbal du 15 janvier 1703, morte à Beaufort le 29 septembre 1746[3], fille de *Gaspard-Marie,* chevalier, marquis *de Beaurepaire,* et demoiselle *Anne-Marie d'Hénin-Liétard.*

Il est père de :

XI. 1° FRANÇOISE-GASPARINE DE LAURENCIN-BEAUFORT, née à Beaufort (Jura), le 17 novembre 1711[4], épouse à Beaufort, le 12 novembre 1733, JEAN-MARIE-JOSEPH CHARBONNIER, chevalier, seigneur, comte DE CRANGEAC, qui a été plusieurs triennalités de suite premier syndic de la noblesse de Bresse, élu par le corps[5]; fils de *Claude-Guillaume,* seigneur *de Longes,* capitaine de cavalerie au régiment de Forcat, et de *Marie-Henriette de Mauléon*, ci-devant chanoinesse du chapitre de Poussay, en Lorraine[6];

2° ANNE-LOUISE DE LAURENCIN-BEAUFORT, née à Beaufort, et baptisée le 6 février 1714[7], chanoinesse comtesse au chapitre noble de Neuville-les-Dames;

3° CHARLES-MARIE-MAURIS DE LAURENCIN-BEAUFORT, né à Beaufort, et baptisé le 5 juillet 1714; les cérémonies ont eu lieu le 14 mai 1721[8].

---

1. *Histoire de l'Université du comté de Bourgogne,* par Labbey de Billy. Besançon, 1815 t. II, p. 275.
2. Archives de la mairie de Beaurepaire (Saône-et-Loire).
3. *Registres de l'état civil* de Beaufort (Jura).
4. *Idem.*
5. *Dictionnaire de la noblesse.* La Chesnaye-Desbois.
6. *Idem.*
7. *Registres de l'état civil* de Beaufort (Jura).
8. *Idem.*

4° Marie-Claudine de LAURENCIN-BEAUFORT, née à Beaufort et baptisée le 2 septembre 1716[1];

5° Marie-Jacqueline de LAURENCIN-BEAUFORT, née à Beaufort et baptisée le 25 septembre 1717; les cérémonies n'ont été célébrées que le 26 avril 1718[2]. Chanoinesse comtesse au chapitre noble de Neuville-les-Dames; elle était dame professe à l'assemblée du 2 juillet 1755[3];

6° Jean-Marie de LAURENCIN-BEAUFORT, qui suit;

7° Antoine-Abraham de LAURENCIN-BEAUFORT, né à Beaufort et baptisé le 20 décembre 1721[4].

XI. Jean-Marie de LAURENCIN, seigneur de BEAUFORT, né à Beaufort le 12 février 1719, et baptisé le 20 du même mois[5], épouse en 1754[6] Hélène-Antide-Gasparine de CHAMPAGNE, fille de *Charles-Gabriel-François*, marquis *de Champagne* (fils de Henri de Champagne, écuyer, seigneur d'Igny, officier au régiment de Poitiers, marié par contrat du 4 décembre 1700 à Claudine-Marie-Antide, fille de Jacques Nicolas de Moustiers, baron d'Igny, et de Catherine de Pratz[7]) et de *Catherine-Angélique de Béraud*.

Il est père de :

XII. 1° Charles-Gabriel-François de LAURENCIN-BEAUFORT, reçu chevalier de Malte le 18 février 1763.

---

1. *Registres de l'état civil* de Beaufort (Jura).
2. *Idem.*
3. *Notice sur l'ancien chapitre noble de Neuville-les-Dames*, par l'abbé A. Gourmand, curé. Bourg, 1865.
4. *Registres de l'état civil* de Beaufort (Jura).
5. *Idem.*
6. *Histoire de l'Université du comté de Bourgogne*, par Labbey de Billy. Besançon, 1815, t. II, p. 275.
7. *Idem.* T. II, p. 113.

Prieuré de Champagne¹. Inhumé à Beaufort le 3 mai 1776, en la chapelle du rosaire, appartenant à la seigneurie de Beaufort. Après les cérémonies des obsèques, il y a eu une enquête et des procès-verbaux à ce sujet²;

2° Claude-Marie-Benoit de LAURENCIN-BEAUFORT, né à Beaufort le 11 avril 1771, mort à Beaufort le 16 septembre de la même année³;

3° Thomas-Xavier de LAURENCIN-BEAUFORT, né à Beaufort le 14 et baptisé le 15 septembre 1775, mort à Beaufort le 17 décembre 1777⁴;

4° Marie-Françoise-Xavière de LAURENCIN-BEAUFORT, née à Beaufort, morte à Paris en février 1830; chanoinesse du chapitre royal; âgée de vingt ans, elle épouse à Beaufort, le 9 septembre 1778⁵, Charles-François MILLOT de MONTJUSTIN⁶, né à Montjustin en 1746, mort à Besançon le 7 octobre 1842, fils de *Guillaume-Antide Millot*, baron *de Montjustin*, par lettres du mois de décembre 1746, et de *Jeanne-Charlotte Jouffroy d'Albans;*

P. 159.

5° Philippe-Angélique de LAURENCIN-BEAUFORT, qui suit.

XII. Philippe-Angélique de LAURENCIN-BEAUFORT, né à Gatey en 1755, mort à Besançon le 6 mars 1819, avait épousé à Beaufort, le 1ᵉʳ décembre 1788, Henriette-Jeanne de MONTEYNARD, née à Montfrin

---

1. *Nobiliaire universel de France*, par Saint-Alais, t. IV, p. 180.
2. *Registres de l'état civil* de Beaufort (Jura).
3. *Idem.*
4. *Idem.*
5. *Idem.*
6. *Histoire de l'Université du comté de Bourgogne*, par Labbey de Billy. Besançon, 1815, t. II, p. 275.

en 1769, morte à Besançon en 1855, fille de *Joseph*, marquis *de Monteynard-Montfrin* et de *Marie-Anne Dubourg de Saint-Polgue*[1].

Il est père de :

XIII. 1° Joseph de LAURENCIN-BEAUFORT, né à Beaufort en 1789, mort à Hanau (Hesse électorale), le 30 octobre 1813;

2° Jean-Marie-Amédée de LAURENCIN-BEAUFORT, qui suit;

3° Ferdinand de LAURENCIN-BEAUFORT, né à Estavayer en juillet 1793, mort à Suresnes le 27 mars 1852, avait épousé à Château-Thierry, le 25 avril 1824, Appoline-Augustine-Geneviève de MOY de SONS, née à Château-Thierry le 15 novembre 1803, morte à Paris (rue de Courcelles, 52) en décembre 1882, fille du comte *de Moy de Sons* et de Mlle *de Langlois de Falaise*.

Il est père de :

XIV. 1° Henri-Marie de LAURENCIN-BEAUFORT, né le 2 mars 1825, mort le 27 mars 1837;

2° Marie de LAURENCIN-BEAUFORT, née le 2 novembre 1826, morte le 5 mai 1851, épouse M. de PAUL de SAINT-MARCEAUX;   P. 160.

3° Paul-Marie-Joseph, comte de LAURENCIN-BEAUFORT, né à Montigny-la-Croix le 28 juillet 1828, épouse à Paris, le 27 décembre 1871, Mlle Hermine ALBRECHT, née en 1847, fille de M. *Philippe Albrecht* et de Mlle *de Mertens*.

Il est père de :

XV. 1° Hermine de LAURENCIN-BEAUFORT, née le 25 septembre 1872;

---

1. *Histoire de l'Université du comté de Bourgogne*, par Labbey de Billy. Besançon, 1815, t. II, p. 275.

2° JACQUES DE LAURENCIN-BEAUFORT, né le 22 mai 1875.

4° LOUISE-MARIE-CHARLOTTE DE LAURENCIN-BEAUFORT, née à Montigny-la-Croix le 5 octobre 1830, épouse à Suresnes, le 19 novembre 1860, le baron BARBIER, né à Paris le 13 février 1813, mort à Dunkerque le 7 juillet 1863, fils du baron *Paul Barbier* et de *Florimonde Gondran*;

P. 161.

5° HENRIETTE DE LAURENCIN-BEAUFORT, née à Montigny-la-Croix le 31 mars 1833;

6° CHARLES DE LAURENCIN-BEAUFORT, né le 2 mars 1838, mort le 28 mars 1838.

XIII. JEAN-MARIE-AMÉDÉE comte DE LAURENCIN-BEAUFORT, né à Beaufort le 2 juillet 1791[1], mort à Besançon le 14 février 1872, épouse à Paris, le 15 février 1824, mademoiselle DE LA MYRE-MORY née le 7 juillet 1801, morte à Cussey le 27 avril 1846, fille de *André-Jérôme*, comte *de La Myre-Mory* et de *Bernarde-Françoise de Bertier*.

Il est père de :

XIV. ÉDOUARD DE LAURENCIN-BEAUFORT, qui suit.

XIV. ÉDOUARD comte DE LAURENCIN-BEAUFORT, né à Besançon en 1825, épouse à Paris, en mai 1864, mademoiselle DE PIOLENC, née à Amiens en septembre 1841, fille du marquis *de Piolenc* et de mademoiselle *de Morgan*.

---

1. *Registres de l'état civil* de Beaufort (Jura).

LE PRESTRE DE VAUBAN

Armes : D'azur au chevron d'or, surmonté d'un croissant d'argent et accompagné de trois trèfles d'or [1].

Famille originaire du Nivernais.

XI. Louis-Gabriel LE PRESTRE, chevalier, marquis DE VAUBAN, seigneur de Magny, de Cublise, de Saint-Vincent, de Rauchal, de Gendras, de Grandris en Beaujolais et de La Bastie en Mâconnais [1], fils de *Antoine Le Prestre*, chevalier, comte *de Vauban*, qui avait épousé, par contrat des 25 et 26 février 1699, passé devant Mᵉ Langlois et son confrère, notaires au Châtelet de Paris, demoiselle *Anne-Henriette de Busseul,* dame de *Saint-Sernin* et de *La Bastie,* fille de François de Busseul, chevalier, comte de Saint-Sernin et de Marie-Anne de Cours [2].

Il a fait presque tout son service dans le régiment du roi, où il a été successivement : lieutenant, réformé

---

1. *La Noblesse aux États de Bourgogne,* par Beaune et d'Arbaumont. Dijon, Lamarche, 1864, p. 270.
2. *Généalogie de la famille Le Prestre de Vauban,* par M. L.-P. Desvoyes. Semur, 1873.

en 1720; enseigne de la Colonelle le 10 mars 1723; capitaine titulaire le 7 septembre 1733; chevalier de Saint-Louis le 17 août 1738; gouverneur de Châtillon-les-Dombes le 9 novembre 1745; capitaine de grenadiers le 8 novembre 1747; colonel d'infanterie le 6 janvier 1748; commandant de bataillon en 1755 et brigadier des armées du roi en 1759. Il s'est trouvé à quatorze sièges, TROIS batailles et CINQ combats, et mourut le 22 mai 1760.

Il avait été reçu en 1754 aux États de Bourgogne et reprit de fief, le 5 août de la même année, pour sa seigneurie de la Bastie [1].

Il avait épousé, par contrat passé à Neuville-les-Dames, dans la maison de Mme de Beaurepaire, dame chanoinesse de l'illustre chapitre de Neuville, le 25 février 1753, devant Me Caillard, notaire royal de Saint-Julien-sur-Vesles, en Bresse, aujourd'hui canton de Châtillon-les-Dombes (Ain), demoiselle MARIE-CLAUDINE-SIMONNE DE BEAUREPAIRE, née au château de Beaurepaire le 14 septembre 1728, baptisée le lendemain, a été tenue sur les fonts du baptême par deux pauvres vieillards, dont le parrain est Nicolas Gauillard et la marraine Reyne Tremey, qui ont été choisis par un motif de dévotion. Elle était en 1729 au chapitre noble de Neuville-les-Dames [2].

Décédée à l'hospice d'humanité de Roanne (Loire), le 24 germinal an II de la République; fille de *Jacques Chevalier*, marquis *de Beaurepaire*, seigneur de *Vincelles, Saillenard, Varey, Chandé, Brandon*, et de feue *Jeanne Huguette de La Coste*.

---

1. *Généalogie de la famille Le Prestre de Vauban,* par M. L.-P. Desvoyes. Semur 1873.

2. *Nobiliaire du département de l'Ain, Bugey et pays de Gex.* Jules Baux, p. 454.

De ce mariage sont issus :

XII. 1° JACQUES-ANNE-JOSEPH LE PRESTRE, chevalier, comte DE VAUBAN, né à Dijon le 10 mars 1754, qui prit part, en 1789, à l'élection des députés aux États généraux, dans la châtellenie de Châteauneuf, bailliage de Mâcon. D'abord sous-lieutenant de gendarmerie, il devint, en 1782, aide de camp du général Rochambeau, puis colonel du régiment du duc d'Orléans, dont il était chambellan depuis quelques années. Fait maréchal de camp en 1789, il était en 1792, à l'époque de l'émigration, aide de camp de Monsieur, comte d'Artois.

Après avoir résidé successivement en Angleterre et en Russie, le comte de Vauban rentra en France, en 1806, malgré le gouvernement, qui le retint longtemps prisonnier au Temple. On saisit sur lui le manuscrit de ses Mémoires, peu après publiés sous ce titre : *Mémoires historiques pour servir à l'histoire de Vendée*. Cette publication, qui contenait d'amères accusations sur ses compagnons d'armes de Quiberon, lui aliéna l'esprit des princes et il serait mort, dit-on, du chagrin d'avoir vu méconnaître son dévouement. Il est mort le 20 avril 1816 au château de Vauban (Saône-et-Loire).

Il avait épousé, le 20 juin 1775, demoiselle HENRIETTE DE PUGET DE BARBENTANNE, fille de *Joseph-Pierre-Baltazard-Hilaire de Puget*, marquis *de Barbentanne*, et de *Charlotte-Françoise-Élisabeth-Catherine du Ménildor de Vierville*.

Il fut père de :

XIII. 1° PHILIPPE-SIMON-ÉRIC LE PRESTRE DE VAUBAN, né à Paris, paroisse Saint-Eustache, le 26 novembre 1783[1];

---

[1]. *Notes prises aux archives de l'état civil de Paris*, par le comte de Chastellux. Paris, Dumoulin, 1875.

2º Hyacinthe - Simonne - Félicité - Georgine LE PRESTRE de VAUBAN, née à Paris, paroisse Saint-Eustache, le 16 octobre 1786[1].

2º Pierre-François LE PRESTRE de VAUBAN[2], né à Dijon le 13 août 1757, qui fut reçu chevalier de Malte de minorité le 4 mars 1758. Il entra au service à l'âge de seize ans et fut successivement sous-lieutenant au régiment de Picardie, capitaine au régiment d'Orléans-Infanterie, puis major le 1er mars 1788. Il partagea plus tard les fatigues et les revers de l'armée de Condé, où il conquit la croix de Saint-Louis et le grade de lieutenant-colonel. Il passa ensuite au service de l'Angleterre, puis à celui du Portugal comme capitaine, et rentra en France en l'an IX.

Il est mort à Paris le 7 février 1845 ne laissant qu'une fille :

P. 162.

XIII. Sophie LE PRESTRE de VAUBAN, décédée en 1869; avait épousé le baron de RIVOIRE.

3º Jean-Baptiste-Antoine LE PRESTRE de VAUBAN, qui continue la descendance.

XII. Jean - Baptiste - Antoine LE PRESTRE, appelé le vicomte de VAUBAN[3], est né à Neuville-les-Dames, en Bresse le 7 septembre 1758. Il fut sous-lieutenant au régiment de Chartres (dragons) le 29 septembre 1775, capitaine au régiment de la reine (cavalerie) le 3 juin 1779, capitaine au régiment d'Orléans (infanterie) le 24 mai 1785, capitaine commandant le 1er juillet 1789. Il prit part, cette même année, comme

---

1. *Notes prises aux archives de l'État civil de Paris*, par le comte de Chastellux. Paris, Dumoulin, 1875.
2. *Généalogie de la famille Le Prestre de Vauban*, par L.-P. Desvoyes. Semur, 1873.
3. *Idem.*

gentilhomme de la châtellenie de Saint-Gengoux, bailliage de Mâcon, à l'élection des députés aux États généraux; émigra en septembre 1791 et fit la campagne de 1792 à l'armée de Bourbon. Rentré en France, il reprit du service et fut fait chevalier de Saint-Louis le 26 avril 1816. Il est mort à Dijon le 26 septembre 1832.

Il avait épousé le 9 messidor an IX (28 juin 1802) JEANNE-BAPTISTE-MARIE-ANTOINETTE-ANNE DE POLIGNY, P. 89. née le 30 juin 1772, morte à Besançon le 7 novembre 1809, fille de feu *Charles-Claude-Ferdinand de Poligny-d'Evans*, capitaine au régiment du roi et chevalier de Saint-Georges, et de *Anne-Joseph de Mignot de La Bévière* [1].

De ce mariage sont nés :

XIII. 1° EDMOND-FRANÇOIS-SÉBASTIEN-JOSEPH LE PRESTRE DE VAUBAN, qui suit;

2° GEORGETTE-SIMONNE-ANTOINETTE LE PRESTRE DE VAUBAN, épouse M. BOUILLET DE LA FAVE. P. 164.

XIII. EDMOND-FRANÇOIS-SÉBASTIEN-JOSEPH LE PRESTRE, comte DE VAUBAN [2], membre du comité des fortifications, général de brigade, inspecteur général du génie, grand officier de la légion d'honneur; né à Besançon le 5 mai 1805, sortit de l'École polytechnique en 1827, pour entrer dans l'arme du génie où son nom avait marqué sa place. Nommé capitaine en 1833, il fut envoyé en Algérie, sur sa demande, en 1839;

---

1. *Mémoires historiques sur la ville et seigneurie de Poligny*, par F.-F. Chevalier. Lons-le-Saunier, 1769.
2. *Généalogie de la famille Le Prestre de Vauban*, par L.-P. Desvoyes. Semur, 1873.

il y remplit, jusqu'en 1849, avec autorité et habileté, les fonctions de commandant du génie de la province d'Oran et prit une part des plus actives à tous les événements militaires qui signalèrent cette époque. Il y fut successivement nommé capitaine en premier, chef de bataillon en 1845, chevalier et officier de la légion d'honneur. Il obtint même une citation à l'ordre de l'armée. Fait lieutenant-colonel en 1851, colonel en 1853, il commanda, pendant sept années, avec la plus grande distinction, le 1er régiment du génie, où il reçut, en 1857, la croix de commandeur.

Promu général de brigade le 14 août 1860, il s'est acquis dans les fonctions de membre du comité des fortifications et d'inspecteur général du génie, qu'il a remplies de 1861 à 1867, une réputation méritée d'ingénieur instruit, judicieux et expérimenté. Enfin, il fut élevé, en 1867, à la dignité de grand officier de la légion d'honneur et passa, cette même année, dans la seconde section de l'état-major général après quarante-quatre ans de service effectifs et douze campagnes.

Il avait épousé, le 1er octobre 1855, demoiselle MARIE-ELISABETH LE ROUX DU CHATELET, fille de *Paul Le Roux du Châtelet,* ancien officier supérieur de la garde royale, et de dame *Marie-Florence Castellain.*

Il est décédé à Nice (Alpes-Maritimes) le 4 mai 1871, et a été inhumé à Rœux (Pas-de-Calais) le 14 novembre 1872.

Il était président d'honneur de la statue du maréchal de Vauban, son grand-oncle, dont le nom immortel s'éteint avec lui.

Il eut pour enfants deux filles jumelles :

XIV 1° Mlle LE PRESTRE DE VAUBAN, morte jeune en 1858;

2° Mlle LE PRESTRE DE VAUBAN, morte jeune en 1858.

THOISY

Armes : D'azur à trois glands d'or [1].

Famille prouvée à Saint-Cyr et à Malte, et maintenue dans ses diverses branches par jugements des intendants de la Province en 1668, 1669, 1698, 1699. Elle n'a pas cessé de porter les armes qui sont figurées sur les sceaux de ses premiers auteurs. Jean de Thoisy, partant pour la Croisade, céda une partie de la terre de ce nom à l'évêque d'Autun [2].

XII. GEORGES-MARIE baron DE THOISY, seigneur de JOUDES, VILLARS, MARCILLY, BRUAILLES..., baptisé le 28 janvier 1745, capitaine au régiment de Commissaire-général-Cavalerie; reçu aux États de 1781 sur preuves remontées jusqu'à Charles de Thoisy, son bisaïeul [3]; chevalier de l'ordre militaire de Saint-Louis le 15 février 1784 [4]; mort à Montpellier; fils de *Marie-Michel de Thoisy*, chevalier, seigneur baron de *Joudes*, né le 28 août 1717, mort le 30 mars 1779, et de demoiselle *Anne*

---

1. *Armorial de la Chambre des comptes de Dijon*, J. d'Arbaumont. Dijon. Lamarche, 1881, p. 7.
2. *Idem.*
3. *Idem.*
4. Archives du château de Joudes, canton de Cuiseaux (Saône-et-Loire).

d'Ambly [1]; avait épousé, à Beaurepaire [2], le 4 février 1782, LOUISE-JACQUELINE-CHARLOTTE DE BEAUREPAIRE P. 56. Mlle DE VINCELLES, née le 6 septembre 1764, morte à Joudes (Saône-et-Loire), le 6 septembre 1833 [3], fille de *Jean-Baptiste-Joseph*, chevalier, marquis *de Beaurepaire*, et de *Marie-Louise-Catherine de Moyria*.

Il a pour enfants :

XIII. 1° JEAN-BAPTISTE-AMÉDÉE-MADELEINE DE THOISY, qui suit;

2° ADRIEN DE THOISY, né à Joudes le 15 octobre 1786; a commencé sa carrière militaire en Wurtemberg et a été décoré de la légion d'honneur à Wagram.

Admis dans la compagnie des gendarmes à cheval de la garde du roi le 12 novembre 1814. Brigadier le 2 janvier 1815 (rang de sous-lieutenant). Licencié avec la compagnie le 1er novembre 1815. Sous-lieutenant de remplaeement aux chasseurs de la Dordogne le 5 août 1817. Démissionnaire le 14 mars 1818.

Mort à Saint-Amour (Jura), le 19 janvier 1868 [4].

Il avait épousé, le 3 février 1813, LOUISE-GERMAINE-PHILIBERTE-MARGUERITE DU BOIS-D'AISY, morte à Biant (Jura), le 21 juillet 1858, dans sa soixante-cinquième année [5];

3° LÉOPOLD DE THOISY.

---

1. *Armorial de la Chambre des Comptes de Dijon*, par J. d'Arbaumont. Dijon, Lamarche, 1881.
2. Archives de la mairie de Beaurepaire, en Bresse (Saône et Loire).
3. Pierre tombale au cimetière de Joudes, canton de Cuiseaux (Saône-et-Loire).
4. Pierre tombale au cimetière de Châtel, près Cousance (Jura).
5. Idem.

XIII. Jean-Baptiste-Amédée-Madeleine baron de THOISY, né à Joudes le 1ᵉʳ décembre 1782, officier de marine, a fait la campagne de Saint-Domingue.

Prisonnier de guerre en 1800.

En captivité, pendant huit ans, à Leeck (Angleterre).

Mort à Joudes le 10 juin 1843 [1].

Il avait épousé, par contrat du 12 février 1812, Amélie-Mariette-Jeanne GUILLAUME de CHAVAUDON, morte au château de La Chapelle-Godfroy [2] le 2 mai 1861, dans sa soixante-dixième année [3], fille de *Louis-Marie Guillaume,* marquis *de Chavaudon,* né le 2 juillet 1760, mort en 1805, qui avait épousé en 1788 sa cousine *Anne-Jeanne Guillaume de Chavaudon,* née en 1771, morte en 1794.

Il a pour enfants :

XIV. 1° Georges de THOISY, né et mort en 1812 ;

2° Charles-Louis-Georges de THOISY, qui suit ;

3° Louis-Adrien-Roger de THOISY, né à Joudes, le 22 mai 1817, mort à Gizia (Jura), le 8 août 1881.

Il avait épousé, à Mâcon, le 24 janvier 1848, Alix-Hyacinthe-Hippolyte RICHARD de SOULTRAIT, née à Montbrison, le 28 avril 1829, fille de *Gaspard,* comte *Richard de Soultrait,* receveur général des finances à Mâcon, et de *Hyacinthe-Ester Outrequin de Saint-Léger,* morte à Paris, le 16 avril 1878, âgée de quatre-vingt-deux ans.

---

1. Pierre tombale au cimetière de Joudes, canton de Cuiseaux (Saône-et-Loire).

2. La Chapelle-Godefroy, commune de Saint-Aubin, près Nogent-sur-Seine (Aube).

3. Pierre tombale au cimetière de Joudes, canton de Cuiseaux (Saône-et-Loire).

Il est père de :

XV. 1° Jeanne-Hyacinthe-Adone-Marie de Thoisy, née à Mâcon le 25 janvier 1849, épouse à Gizia, le 6 juillet 1870, Stanislas-Fernand BARLATIER de MAS, né le 24 février 1840, ingénieur des ponts et chaussées, fils de *Paul-Albert-Raymond*, baron *Barlatier de Mas*, et de *Marie-Élise Trapier de Malcolm*;

P. 166.

2° Fernand de THOISY, né à Mâcon le 1ᵉʳ août 1850, mort à Mâcon le 4 août 1850;

3° Pierre-Gaspard-Amédée-Fernand de Thoisy, né à Mâcon le 1ᵉʳ août 1850. Entré à l'école navale le 1ᵉʳ octobre 1867. Aspirant de marine le 1ᵉʳ octobre 1870. Enseigne de vaisseau le 24 mai 1873. Campagne de la Baltique sur l'aviso *le Prégent*, 1870. Embarqué sur l'aviso *le d'Estrées*, croisière sur les côtes de France, 1870-1871. Campagne d'Islande sur l'aviso *le Kersaint*, 1871. Campagne des Antilles et de Terre-Neuve sur la frégate amirale *la Minerve*, comme aspirant de majorité de l'amiral de Surville, 1872-1873. Embarqué sur la frégate cuirassée *la Jeanne-d'Arc*, faisant partie de l'escadre d'évolution de la Méditerranée, 1874. A l'école des défenses sous-marines à Boyardville, île d'Oléron, 1875. Embarqué sur l'aviso *le Phoque*, école des pilotes des côtes ouest de France, 1875-1876. Embarqué sur la corvette cuirassée *la Reine-Blanche*, escadre d'évolution de la Méditerranée (abordage de la corvette cuirassée *la Thétis*), 1877-1878. Embarqué sur la corvette cuirassée *la Provence*, 1878. Embarqué sur la frégate cuirassée *la Guyenne*, escadre d'évolution, division du Levant, Asie Mineure, Grèce, 1878-1879. Démission acceptée le 20 janvier 1879.

Il épouse à Bierre-lez-Semur, le 21 avril 1879,

Jeanne-Marie-Édith ARTHAUD de LA FER-RIÈRE, née à Dijon le 26 juillet 1855, fille de *Henri* comte *Arthaud de La Ferrière* et de *Joséphine-Renée Sabatier de Lachadenède.*

Il est père de :

XVI. 1° Raymonde-Renée-Marie-Jacqueline de THOISY, née au château de Bierre-lez-Semur, le 29 mai 1880 ;

2° Henriette-Alice-Raymonde-Chantal-Marie de THOISY, né à Bierre-lez-Semur le 1ᵉʳ août 1881, morte à Gizia le 27 février 1882 ;

3° Roger de THOISY, né à Bierre-lèz-Semur, en mars 1883.

4° Raymond-Georges-Hyacinthe de THOISY, né à Macon le 24 novembre 1852, mort à Pau le 1ᵉʳ novembre 1879, inhumé au cimetière de Châtel (Jura), le 20 septembre 1880;

5° Hubert-Pierre-Adon de THOISY, né à Lyon le 25 septembre 1867.

4° Louise-Georgine-Élizabeth-Nancy de THOISY, dite Berthe, née à Joudes le 15 octobre 1823, épouse à Joudes, le 28 décembre 1841, Marie-Esprit-Eugène Louis de PILLOT, comte de COLIGNY et du Saint-Empire, né à Choye (Haute-Saône), le 6 août 1815, fils de *François-Charles-Emmanuel Edwige de Pillot*, comte de *Coligny* et du Saint-Empire, et de *Charlotte-Victoire-Clémentine-Angélique de Messey-Beaupré;*

5° Sarah-Marie-Suzanne de THOISY, née à Joudes le 4 avril 1821, morte à Joudes le 8 octobre 1827 [1];

6° Marie-Alexandrine de THOISY, née et morte à Joudes en 1828.

---

1. Pierre tombale au cimetière de Joudes, canton de Cuiseaux (Saône-et-Loire).

XIV. Charles-Louis-Georges baron de THOISY, né à Joudes le 25 octobre 1815, épouse à Gizia, le 7 février 1842, Marie-Germaine-Laure DUGON, née en 1817, morte à Cessey près Vitteaux (Côte-d'Or), le 11 août 1867, fille de *Robert-Joseph* comte *Dugon* et de *Caroline du Bois d'Aisy*.

Ils ont pour enfants :

XV. 1° Marie-Charles-Adrien-Jean de THOISY, qui suit ;

2° Jeanne-Marie-Gabrielle de THOISY, née à Cessey le 5 février 1846, épouse à Joudes, le 19 février 1867 le comte Pierre-Henri de BEAUREPAIRE, né à P. 69. Paris le 5 février 1841, fils de *Victor-Xaxier-Marguerite*, marquis *de Beaurepaire* et de *Louise-Marie-Gabrielle de La Croix de Castries;*

3° Paul-Marie-Alexandre-Fernand de THOISY, né à Cessey le 3 juillet 1847 ;

4° Joseph de THOISY, né à Cessey le 31 août 1848, mort à Cessey le 1ᵉʳ octobre de la même année.

XV. Marie-Charles-Adrien-Jean baron de THOISY, né à Cessey le 4 janvier 1844, épouse, à Paris, le 26 janvier 1869, Mˡˡᵉ Elisabeth-Marie DELAHANTE, née à Busagny, près Pontoise, le 3 mai 1848, fille de *Fernand Delahante,* né à Mâcon le 8 janvier 1822, attaché à l'ambassade de France à Vienne en 1841 ; à l'ambassade de France en Chine, chargée du premier traité religieux passé entre la France et l'empire de Chine, en 1843 ; consul de France à Jassi (Moldavie), en 1848 ; secrétaire de légation à La Haye (Pays-Bas), en 1849 ; marié en 1847 à *Françoise-Félicité-Virginie-Hyppolite-Claire Azévedo*, morte, au château de Chénas, le 6 août 1873.

Il a pour enfants :

XVI. 1° Marie-François-Georges de THOISY, né à Joudes le 28 décembre 1869;

2° Marie-Gabrielle-Laure de THOISY, née à Joudes le 11 décembre 1871;

3° Marie-Pierrette-Claire de THOISY, née à Joudes le 30 octobre 1873;

4° Marguerite-Marie-Dominica-Jacqueline de THOISY, née à Joudes le 23 août 1875, morte à Joudes le 24 février 1877;

5° Marie-Octave-Adrien de THOISY, né à Joudes le 17 août 1877;

6° Marguerite de THOISY, né à Joudes le 14 septembre 1881;

7° Marie-Dominique-Raphael-Paul de THOISY, né à Joudes le 22 octobre 1883.

MONTRICHARD DE LA BROSSE

Armes: De sable au chevron d'or, accompagné en pointe d'un mont de même, au chef du second, chargé de trois étoiles de gueules [1].

Famille condamnée en 1665, maintenue à Lyon en 1667, et entrée aux États en 1769, sur preuves de trois degrés de noblesse [2].

XII. Henri-René comte de MONTRICHARD, né à Charlieu (Loire), mort le 21 décembre 1822, âgé de soixante-six ans, en son château de Marchangy (canton de Charlieu); ancien page de la reine, ancien officier de cavalerie, ancien sous-préfet, maire de Saint-Pierre-la-Noailles (canton de Charlieu), fils de *Louis-Henri comte de Montrichard*, seigneur de *La Brosse, Marchangy, La Bernaudière*, chevalier de l'ordre royal et militaire de Saint-Louis, ancien capitaine au régiment d'Angoumois, décédé à Charlieu le 23 mars 1770, et de *Marie-Laurence Donguy*, morte à Charlieu le 13 août 1780, enterrée au cimetière Saint-Philibert [3].

---

1. *La Noblesse aux États de Bourgogne*, Beaune et d'Arbaumont. Dijon, Lamarche, 1864, p. 248.
2. *Idem*.
3. Archives de la mairie de Saint-Pierre-la-Noailles, canton de Charlieu (Loire)

P. 56.

Il avait épousé, par contrat du 25 mars 1789[1], JACQUELINE-MARGUERITE DE BEAUREPAIRE, Mlle DE CHANDÉE, fille de *Jean-Baptiste-Joseph* chevalier, marquis *de Beaurepaire* et de *Marie-Louise-Catherine de Moyria*, née à Beaurepaire le 26 décembre 1767[2]; en 1785 brevetée pour être reçue chanoinesse au chapitre noble de Neuville-les-Dames, décédée à Lyon le 1er complémentaire de l'an III[3].

Veuf de Mlle de Beaurepaire, âgé de cinquante ans, il épouse à Saint-Pierre-la-Noailles, le 19 août 1806, dame JEANNE-MARIE-FRANÇOISE-VICTOIRE IMBERT-COLOMES, demeurant à Saint-Pierre-la-Noailles, âgée de quarante ans, née à Lyon sur la paroisse Saint-Pierre[4], morte à Paray-le-Monial, en son domicile, le 26 mars 1849 à une heure après midi, âgée de quatre-vingt-cinq ans[5]; veuve de M. Guillaume-Marie Maret de Saint-Pierre, décédé à Nuremberg en Franconie, le 17 juillet 1800, et fille de M. *Jacques Imbert-Colomes,* ancien magistrat de Lyon, absent depuis le courant de floréal an V, et de défunte *Anne-Catherine-Victoire Colomes,* décédée à Lyon sur la paroisse Saint-Pierre le 14 décembre 1780[6].

Il eut pour enfants de son premier mariage :

XIII. 1° MARIE-LOUISE-HENRIETTE DE MONTRICHARD, née le 11 février 1790 à Saint-Pierre-la-Noailles, baptisée dans l'église paroissiale de ladite commune. Son parrain a été Henri-Jean de Montri-

---

1. Archives de Châlon-sur-Saône. G. G. 28.
2. Archives de la mairie de Beaurepaire (Saône-et-Loire).
3. Archives de l'état civil de la ville de Lyon.
4. Archives de la mairie de Saint-Pierre-la-Noailles, canton de Charlieu (Loire).
5. Archives de la mairie de Paray-le-Monial (Saône-et-Loire).
6. Archives de la mairie de Saint-Pierre-la-Noailles, canton de Charlieu (Loire).

chard, prêtre chanoine de l'église Saint-Vincent de Mâcon, représenté par messire Louis-Robert de Sirvinges, chevalier, seigneur de Sèvelinges, et sa marraine, dame Marie-Louise-Catherine de Moyria, marquise de Beaurepaire, son aïeule maternelle. Elle est morte à Saint-Pierre-la-Noailles le 17 juin 1790 [1];

2° JEAN-BAPTISTE DE MONTRICHARD, né le 14 juillet 1791 à Saint-Pierre-de-Noailles. Baptisé dans l'église paroissiale de ladite commune. Son parrain a été Jean-Baptiste-Joseph, marquis de Beaurepaire, son aïeul maternel, et sa marraine, dame Françoise-Renée de Montrichard, épouse de M. Louis-Robert de Sirvinges, l'un et l'autre représentés par Claude Fayard et Marguerite Frade, tous deux demeurant au service de M. de Montrichard [2].

---

1. Archives de la mairie de Saint-Pierre-la-Noailles, canton de Charlieu (Loire).
2. Idem.

BROQUARD DE BUSSIÈRES

Armes : De gueules à deux fasces d'argent, accompagnées de trois étoiles d'or, deux en chef et l'autre en pointe [1].

La généalogie de MM. Broquard a été vérifiée sur une requête présentée aux vingt-huit notables de la cité de Besançon et enregistrée dans les livres journaux de l'Hôtel de Ville. Cette famille paraît originaire du bailliage de Beaune [2].

XII. Claude-Ferdinand BROQUARD, écuyer, seigneur de BUSSIÈRES, né le 13 avril 1754 [3], mort à Beaurepaire, le 8 pluviôse an VI [4], conseiller au parlement de Besançon, fils de *Pierre-Étienne-François Broquard*, reçu conseiller au parlement de Besançon le 8 mai 1747, marié le 21 juillet 1749 avec *Marguerite-Thérèse Lebas de Clévand*, fille de messire Joseph Lebas de Clévand, marquis de Bouclans, conseiller au même parlement, et de dame Marie-Thérèse Hermand de Varignoles [5].

---

1. *Histoire de l'Université du comté de Bourgogne*, par Labbey de Billy. Besançon, 1815, t. II, p. 396.
2. *Idem.*
3. *Idem.*
4. Archives de la mairie de Beaurepaire en Bresse (Saône-et-Loire).
5. *Histoire de l'Université du comté de Bourgogne*, par Labbey de Billy. Besançon, 1815, t. II, p. 396.

Il épouse à Beaurepaire, le 13 avril 1790, Mlle· Agathe-Suzanne de BEAUREPAIRE, Mlle de BRANDON, P. 57. née à Beaurepaire, le 31 juillet 1770, baptisée le 1er août de la même année [1]; en 1785 brevetée pour être reçue chanoinesse au chapitre noble de Neuville-les-Dames. Morte à Soissons le 25 février 1862 [2], fille de *Jean-Baptiste-Joseph*, marquis *de Beaurepaire* et de *Marie-Louise-Catherine de Moyria;* la bénédiction nuptiale leur fut donnée dans la chapelle castrale de Beaurepaire, par permission de Monseigneur l'archevêque de Besançon, en présence de M. Sebelon, curé de Beaurepaire, par M. Charles-Emmanuel-Marie Broquard de Lavernay, chanoine de l'illustre chapitre de Besançon, vicaire général du diocèse d'Embrun, coadjuteur du prieuré de Bonnevau [3].

Il n'eut qu'un fils.

XIII. Charles-François-Joseph BROQUARD de BUSSIÈRES, né à Besançon le 26 janvier 1791. Entré à l'École polytechnique en 1809, il en sortit en 1811 officier du génie. Il fit avec distinction, dans cette arme, les campagnes si malheureuses, malgré d'éclatantes victoires, de 1813, 1814, 1815. Après la bataille de Wavres, il rendit d'importants services dans la retraite, si difficile, et fit preuve, à plusieurs reprises, d'une habileté et d'un courage qui furent remarqués comme ils le méritaient. Il attaqua le pont de Wavres à la tête de la colonne; ce fut lui qui défendit le pont de Namur et soutint l'extrême arrière-garde de l'armée [4]. Capitaine en 1818; chef

---

1. Archives de la maison de Beaurepaire en Bresse (Saône-et-Loire).
2. *Madame de Bussières*, par l'abbé Henri Congnet. Paris, Lethielleux, 1868.
3. Archives de la mairie de Beaurepaire en Bresse (Saône-et-Loire).
4. *La Renommée.* Biographie générale des députés. Paris, 1842.

du génie à Moulins en 1825; chevalier de la légion d'honneur le 21 mars 1831; démissionnaire le 21 décembre 1831; capitaine en deuxième de la garde nationale de Soissons en 1833.

En 1834 il fut nommé député par le collège électoral de Reims, *extra muros*, en son absence et sans avoir sollicité cet honneur, en remplacement de son beau-père. Il fut réélu par le même collège en 1837 et 1839. Il a fait partie, comme membre ou comme rapporteur, d'un grand nombre de commissions. Chargé de présenter à la Chambre, entre autres rapports, ceux du projet de loi relatif au canal latéral de la basse Loire, et du projet de loi pour le purgement des créances arriérées du ministère de la guerre, il s'est acquitté de ces deux tâches avec conscience et talent [1]. Rendu à la vie privée par le coup d'État du 2 décembre 1851, membre du conseil général de l'Aisne en 1853, maire de Soissons de 1852 à 1853, mort à Soissons le 1er septembre 1853.

Peu après sa mort le président du conseil municipal prononçait ces paroles, dans une séance du conseil :

« Nous sommes encore sous l'impression de la perte immense que le conseil municipal et la ville viennent de faire; la mort nous a enlevé notre honorable membre et collègue, M. de Bussières, si dévoué aux intérêts du pays, pour lequel il a négligé sa santé et le peu de forces qui lui restaient.

« Permettez-moi, Messieurs, pour nous qui avons été ses adjoints, de vous proposer, au nom de M. Deviolaine et au mien, de nous associer aux regrets de toute la ville, en exprimant par un vote public les sentiments de douleur que nous éprouvons tous en

---

[1] *La Renommée*. Biographie générale des députés. Paris, 1842.

perdant ce digne magistrat, qui avait mérité, par son savoir, son caractère loyal et conciliant, son aménité constante, les sympathies et la reconnaissance de tous ses concitoyens. »

Le conseil, à l'unanimité et avec le plus vif empressement, déclare s'associer aux regrets exprimés par son président. Il décide que les paroles qui viennent d'être prononcées seront reproduites dans le procès-verbal de la séance, et qu'un extrait de ce procès-verbal sera envoyé, en son nom, à la famille de M. de Bussières, comme un témoignage de la part qu'il a prise à sa juste douleur et de sa reconnaissance envers cet homme de bien, pour les nombreux services qu'il a rendus à son pays, et qu'il voulait lui rendre encore [1].

Il avait épousé le 25 juillet 1820, dans l'église cathédrale de Soissons, Mlle DÉSIRÉE-ÉLISABETH LEVESQUE DE POUILLY, née à Soissons le 10 mars 1798, morte à Soissons, dans la nuit du 24 au 25 août 1865; fille de *Pierre-Elizabeth Levesque de Pouilly*, chevalier de l'ordre royal et militaire de Saint-Louis, mort à Soissons, le 21 février 1855, et de *Louise-Delphine Godard de Vingré*, son épouse, morte le 25 novembre 1850 [2].

Il est père de :

XIV. CÉCILE-AGATHE-ÉLISABETH BROQUARD DE BUSSIÈRES, née à Soissons le 26 octobre 1822 [3].
Morte à Soissons le 10 mars 1879.

Elle épouse, le 5 juillet 1843, LOUIS-JOSEPH-ÉTIENNE BALAHU DE NOIRON.

P. 172.

---

1. *Madame de Bussières*, par l'abbé Henri Congnet. Paris, Lethielleux, 1868.
2. *Idem.*
3. *Notice sur Madame de Noiron.* Saint-Quentin, 1883.

PELLETIER DE CLÉRY

XII. Louis-Victor-Élisabeth PELLETIER DE CLÉRY, né à Dijon le 16 juillet 1765, mort le 16 avril 1850. Conseiller au parlement de Bourgogne, officier de la légion d'honneur, adjudant-major du 1ᵉʳ bataillon de la brigade de Dijon, fils de fut *François de Cléry* et d'*Élizabeth Butard des Moulats;* épouse à Beaurepaire, le 6 brumaire an IV[1], Louise-Aimée DE BEAUREPAIRE, mademoiselle DE MAUVILLY, née à Beaurepaire le 30 novembre, et baptisée le 1ᵉʳ décembre 1772 ; morte le 21 décembre 1814. En 1785, brevetée pour être reçue chanoinesse au chapitre noble de Neuville-les-Dames ; fille de *Jean-Baptiste-Joseph,* chevalier, marquis *de Beaurepaire* et de *Marie-Louise-Catherine de Moyria.*

P. 58.

Il est père de :

XIII. 1° Hippolyte PELLETIER DE CLÉRY, mort à Paris, en 1814, à seize ans et demi;

2° Alix PELLETIER DE CLÉRY, née le 25 juillet 1806, morte le 39 novembre 1832; épouse le baron DE MONTILLET ;

P. 175.

3° Élisabeth PELLETIER DE CLÉRY, née le 14 décembre 1808, épouse Louis-Antoine DE BERBIS DES MAILLYS.

P. 176.

---

1 Archives de la mairie de Beaurepaire en Bresse (Saône-et-Loire).

BRÉHÉRET DE COURCILLY

XII. Jean-Catherin **BRÉHÉRET de COURCILLY**, fils de *Jean de Bréhéret*, seigneur *de Courcilly*, ancien capitaine au corps royal de l'artillerie, ancien gentilhomme ordinaire de la chambre du roi, chevalier de l'ordre royal et militaire de Saint Louis[1], et de dame *Marie-Gabrielle-Olivier Pieques*, son épouse; âgé de trente-quatre ans, conseiller au parlement de Paris, résidant à Paris, commune Saint-Paul, épouse à Beaurepaire, le 9 thermidor an VI, Marie-Joséphine-Marguerite-Désirée de **BEAUREPAIRE**[2], née le 30 mars 1774, et baptisée, le même jour, en l'église de Saint-Georges de Chalon-sur-Saône ; en 1785, brevetée pour être reçue chanoinesse au chapitre noble de Neuville-les-Dames; fille de *Jean-Baptiste Joseph*, chevalier, marquis *de Beaurepaire*, et de *Marie-Louise-Catherine de Moyria*.

P. 59.

Pour enfants :

XIII. 1° Léonce **BRÉHÉRET de COURCILLY**, né le 25 mars 1804. Entra à l'école militaire et en sortit

---

1. Archives de la mairie de Bouchy-le-Repos, arrondissement d'Épernay (Marne).
2. Archives de la mairie de Beaurepaire en Bresse (Saône-et-Loire).

officier dans un régiment de hussards ; il resta peu de temps au service et mourut, à Paris, le 15 janvier 1830 ;

2° Un enfant, né le 11 mai 1812, à Amfreville-sur-Stone (Eure), n'a vécu que trois minutes [1].

(M. Jean-Catherin Bréhéret de Courcilly, de son premier mariage, avec mademoiselle Geneviève de Cotte, avait eu, entre autres enfants, une fille : Émilie Alexandrine ; âgée de vingt ans, elle épouse, à Amfreville-sur-Stone, le 2 décembre 1811, M. Henri-Frédéric-Louis de Crousaz-Crétet, ancien officier, contrôleur général de la Banque de France ; elle fut la grand mère de Louise-Chantal-Marie de Garidel-Thoron, vicomtesse de Beaurepaire.)

---

1. Archives de la mairie d'Amfreville-sur-Stone, canton de Louviers (Eure).

MASSON DE SAINT-AMAND

XII. Armand-Claude **MASSON de SAINT-AMAND**; nommé préfet de l'Eure le 19 ventôse an VIII (10 mars 1800), installé le 7 germinal de la même année et remplacé le 10 thermidor an XIII[1]. Il fut le premier préfet du département de l'Eure, M. Lannes, nommé le 11 ventôse, n'ayant jamais été installé. Il eut, par conséquent, à organiser complètement l'administration départementale conformément à l'esprit de la constitution de l'an VIII. Dans le cours de son administration, il prononça de nombreux discours, la plupart ont été enregistrés et sont conservés manuscrits aux archives de l'Eure[2].

Le 18 septembre 1814, les membres du comité central de la Société de médecine du département de l'Eure invitent le préfet à donner le titre de membre honoraire de la Société à M. le chevalier Masson de Saint-Amand, maître des requêtes ordinaire de l'ancien conseil du roi, maître des requêtes honoraire actuel, ancien préfet du département de l'Eure, chevalier de

---

1. Archives de l'Eure. *Dossier du personnel.*
2. Archives de l'Eure. *Registres des arrêtés de l'administration centrale et du préfet.*

de la légion d'honneur, membre de l'Académie des sciences, arts et belles-lettres de Rouen, et membre honoraire de la Société d'agriculture, sciences et arts du département de l'Eure[1].

Il a publié : *Mémoires statistiques du département de l'Eure* (an XIII.) *Essais historiques et anecdotiques sur l'ancien comté, les comtes et la ville d'Évreux* (1813). *Une suite aux essais précédents* (1815).

Il n'existe aux archives du département de l'Eure aucun renseignement sur la date et le lieu de sa naissance, non plus que sur sa mort. Lorsqu'il eut été remplacé comme préfet de l'Eure, il paraît avoir habité Paris, et Amfreville-sur-Ston (Eure) pendant quelques mois de l'année.

Il avait épousé MARGUERITE-CLAUDINE DE BEAUREPAIRE, née le 18 octobre 1775 et baptisée le même jour en l'église Saint-Georges de Chalon-sur-Saône; en 1785, brevetée pour être reçue chanoinesse au chapitre noble de Neuville-les-Dames, fille de *Jean-Baptiste-Joseph,* chevalier, marquis *de Beaurepaire,* et de *Marie-Louise-Catherine de Moyria.*

En 1802, elle perdit son fils unique et mourut quelques jours après[2], à Évreux, à l'hôtel de la préfecture, le 15 brumaire an XI, à 7 heures et demie du matin, âgée de vingt-huit ans[3]. « Elle fut inhumée le lendemain avec une très grande pompe, telle qu'on n'avait pas vu depuis la révolution.[4] »

---

1. *Annuaire de la Société de médecine du département de l'Eure.* 1815, 1821, 1828.
2. *Précis de la vie de M. Lieudé, baron de Sepmanville,* 1817. Versailles, p. 76-77.
3. Mairie d'Évreux, État civil. Ans IX et XI, fol. 129.
4. *Journal d'un bourgeois d'Évreux,* p. 174.

DRÉE

Armes: De gueules à cinq merlettes d'argent, posées deux, deux et une [1].

Cette famille tire son nom de la terre de Drée, au bailliage de Semur en Auxois, et remonte à Albert de Drée, témoin, en 1131, de la fondation de l'abbaye de La Bussière par Garnier de Sombernon. Jean et Guillaume de Drée prirent part à la Croisade en 1191 [2].

XIII. LOUIS-CLAUDE-GUSTAVE comte DE DRÉE, né à Roanne (Loire), le 19 décembre 1784, fils d'*Étienne*, marquis *de Drée*, et de *Marie-Charlotte de Clermont-Montoison*.

Entré comme fourrier dans les gendarmes d'ordonnance de la garde impériale le 18 octobre 1806; lieutenant à la suite du 19ᵉ régiment de chasseurs le 18 février 1808; capitaine le 30 septembre 1811; parti pour rentrer dans ses foyers le 1ᵉʳ mai 1813; réformé, avec une gratification une fois payée, par décision du 8 juillet 1813; brigadier dans les gendarmes de la garde du roi le 1ᵉʳ juillet 1814; breveté

---

1. *La Noblesse aux États de Bourgogne*, par Beaune et d'Arbaumont. Dijon, Lamarche, MDCCCLXIV.
2. *Idem.*

chef d'escadron le 1ᵉʳ mars 1815 ; chef d'escadron au régiment de chasseurs de l'Ariège le 7 février 1816 ; admis au traitement de réforme par décision du 27 novembre 1822 ; retraité par ordonnance du 8 juin 1825.

Campagnes : 1806-1807-1808, Grande armée ; 1809, Italie, Grande armée ; 1810-1811, Illyrie ; 1812, Russie ; 1813, Grande armée.

Blessures : A reçu un coup de sabre, le 7 septembre 1812, à la bataille de la Moskowa ; a perdu le gros orteil du pied droit, par suite de congélation en Russie.

Décoration : Chevalier de la légion d'honneur le 23 août 1814.

Mort à Sennecey-lez-Mâcon, le 4 septembre 1836, et enterré au cimetière de ce lieu.

P. 63.
Il avait épousé, le 30 mai 1822, Zoé-Françoise-Antoinette DE BEAUREPAIRE, née, à Chalon-sur-Saône, le 31 décembre 1803, morte à Tours le 2 juin 1871[1] ; fille de *Joseph-Claude-François*, marquis *de Beaurepaire*, et de *Pierrette-Jeanne Chiquet*.

Ils ont pour enfants :

XIV. 1° Maria de DRÉE, née à Paris en mars 1823, morte à Paris, la même année ;

2° Valentine-Louise de DRÉE, née à Paris, le 17 avril 1824, épouse, le 20 mai 1844, Athanase-Armand de PRACOMTAL ;

P. 177.

3° Marie-Joséphine de DRÉE ;

4° Stéphen de DRÉE, qui suit ;

5° Stéphanie-Louise-Camille de DRÉE, née à Sen-

---

1. Enterrée au cimetière de Versailles (Seine-et-Oise).

necey-lez-Mâcon, le 17 novembre 1830, épouse, le 14 novembre 1849, Germain-Pierre-Ernest PREVOST de SANSAC, marquis de LA VAUZELLE; P. 179.

6° Georges-Antoine de DRÉE, né à Sennecey-lez-Mâcon, le 3 janvier 1835. Engagé volontaire au 10e régiment de dragons le 17 février 1852. Brigadier le 9 avril 1854. Maréchal des logis le 1er avril 1855. Passé au 3e régiment de cuirassiers; adjudant le 1er avril 1856, sous-lieutenant au 2e régiment de carabiniers le 28 janvier 1860. Passé au 3e régiment de chasseurs d'Afrique le 30 avril 1861. Démissionnaire le 16 août 1862.

Officier des haras, sous-directeur au dépôt d'étalons d'Annecy en 1877.

Il épouse à Paris, le 11 octobre 1873, à l'église Saint-Philippe-du-Roule, Mlle Sarah GRANDIN de RAMBOUVILLE, fille de *Sosthène Grandin de Rambouville*, et de *Valentine de Saint-Victor*. Sans enfants.

XIV. Stephen marquis de DRÉE, né à Sennecey-lez-Mâcon, le 11 février 1828.

Il est père de :

XV. Maurice-Étienne de DRÉE, né le 28 janvier 1861.

MARSEUL

XIII. Emmanuel comte de MARSEUL, né le 1er octobre 1804, à Windham (Haut Canada), fils de *François-René,* chevalier *de Marseul,* né le 30 décembre 1750 à Saint-Cyr (Manche), volontaire dans la 3e compagnie de chasseurs à cheval, de l'armée de Bourbon, en 1792, volontaire dans les cadres du marquis de Dresnay, au service d'Angleterre, en 1793, volontaire dans les cadres de M. du Trésor en 1794; major de la division Frotté, à l'armée royale vendéenne, le 15 juin 1796, lieutenant de la division Puissaye (rang de lieutenant-colonel) le 10 novembre 1796. A cessé de servir à la fin de 1798.

Campagnes : armée de Bourbon, 1792; armée anglaise, 1793-1794; descente à Quiberon, 1795. En Vendée, 1797-1798.

Blessé d'un coup de feu, à la jambe, à Tichebrai, en 1798.

Chevalier de Saint-Louis le 15 juin 1796; a obtenu, par ordonnance du 14 août 1816, une pension du grade de chef de bataillon [1].

---

[1]. Archives du ministère de la guerre.

Mort au château de Villeroy, commune de Javron (Mayenne), le 11 octobre 1839. Il avait épousé en premières noces *Claudine de Glapian*, et en secondes noces, au Canada, le 5 décembre 1803, *Mary Feadler*, née le 14 février 1786, à Windham (Haut Canada), morte à Genillé le 20 février 1865, fille d'André Feadler et d'Éléonore Spencer.

Emmanuel de Marseul, engagé volontaire, à la légion de la Côte d'Or, le 4 avril 1820, passé au 11º régiment d'infanterie de ligne, par organisation, le 21 janvier 1821, fourrier le 4 avril 1821, sergent le 6 juin 1822, sergent-major le 23 août 1823, sous-lieutenant le 6 avril 1825, admis garde de troisième classe aux gardes du corps du Roi, rang de sous-lieutenant, compagnie de Grammont, le 19 septembre 1825, garde de deuxième classe, rang de lieutenant, le 6 juin 1830; licencié le 23 août 1830, après avoir accompagné le Roi Charles X et sa famille à Cherbourg. Lieutenant au 2º régiment de carabiniers le 25 janvier 1831, capitaine au 3º régiment de chasseurs d'Afrique le 18 mai 1833, capitaine-major à l'école de cavalerie de Saumur le 13 juin 1837. Démissionnaire le 29 janvier 1838.

Campagnes : en Espagne, 1823-1824-1825 ; en Afrique, 1835-1836-1837.

Chevalier de la légion d'honneur le 15 janvier 1836 [1].

Mort le 25 janvier 1849, au château de Rassay, près Loches (Indre-et-Loire).

Il avait épousé, le 27 juillet 1837, ZOÉ-FRANÇOISE-ANTOINETTE DE BEAUREPAIRE, née à Chalon-sur-

P. 64.

---

[1] Archives du ministère de la guerre.

Saône, le 31 décembre 1803, morte à Tours le 2 juin 1871 [1], fille de *Joseph-Claude-François*, marquis *de Beaurepaire*, et de *Pierrette-Jeanne Chiquet*.

Il est père de :

P. 182.

XIV. Antoinette-Marie-Zoé de MARSEUL, née à Loches (Indre-et-Loire), le 28 novembre 1839, mariée le 29 juin 1868 à Marie-Thomas-Louis VILLARET de JOYEUSE.

---

1. Enterrée au cimetière de Versailles (Seine-et-Oise.)

RENAUD DE BOISRENAUD

XIII. Joseph-Antoine-Frédéric RENAUD, comte de BOIS-RENAUD, né à La Haye (Hollande), le 31 décembre 1795; mort à Paris, sur la paroisse Saint-Thomas d'Aquin, le 22 avril 1869[1], fils de *Pierre-Joseph Renaud*, comte *de Boisrenaud*, chevalier de Saint-Louis, mort à Paris le 22 avril 1816[1], âgé de soixante-trois ans, et d'*Angélique du Chambge;* avait épousé à Paris, église Saint-Thomas d'Aquin, le 2 décembre 1823, Georgette-Claudine de BEAUREPAIRE, née à Châlon-sur-Saône le 26 juillet 1806, fille de *Joseph-Claude-François,* marquis *de Beaurepaire,* et de *Pierrette-Jeanne Chiquet.*
Sans enfants.

P. 64.

---

1. Enterré au cimetière de l'Est (Père La Chaise), 44ᵉ division, 1ʳᵉ ligne. En face la 45ᵉ division.

ROCHEFORT

Armes : D'azur à la tour d'argent, maçonnée de sable, sur un rocher de sinople; en chef, à dextre, une étoile d'argent.

XIV. Jean - Baptiste - Amable, *dit* Emmanuel de ROCHEFORT, né à Orcet (Puy-de-Dôme), le 14 janvier 1830, fils de *Jean-Emmanuel de Rochefort* et de *Pauline Rollet des Marais*, morte à Orcet (Puy-de-Dôme), le 29 janvier 1878; épouse, à Beaurepaire, le 14 juillet 1860, Rose-Marie-Geneviève de BEAUREPAIRE, née à Paris, le 6 juin 1837, fille de *Victor-Xavier-Marguerite*, marquis *de Beaurepaire*, et de *Louise-Marie-Gabrielle de La Croix de Castries*.

Il est père de :

XV. 1° Jean-Baptiste-Amable-Marie-Augustin de ROCHEFORT, né et baptisé, à Beaurepaire, le 8 septembre 1861. Son parrain a été Jean-Baptiste-Amable de Rochefort, son oncle; sa marraine, Geneviève-Agathe-Augustine-Aglaé de Séran, comtesse Eugène de Castries, son arrière-grand'mère maternelle;

2° Henriette-Marie-Pauline de ROCHEFORT, née à Clermont-Ferrand, le 29 octobre 1866; baptisée, à l'église Notre-Dame-du-Port, le 30 du même mois.

Elle a eu pour parrain François-Eugène-Henri, marquis de Beaurepaire, son oncle, et pour marraine Mme de Rochefort, née Pauline Rollet des Marais, sa grand'-mère;

3° Joseph-Marie-Jeanne-Georgette de ROCHEFORT, née à Clermont-Ferrand, le 3 mars 1877; baptisée, le 5 du même mois, à l'église Saint-Genès-les-Carmes. Elle a eu pour parrain Jean de Rochefort, son frère, et pour marraine Claudine-Georgette de Beaurepaire, comtesse de Boisrenaud, grand'tante maternelle.

SAINT-MAURIS-MONTBARREY

Armes : De gueules à la croix fleuronnée d'argent ; au chef cousu d'azur, chargé d'une aigle éployée d'or [1].

Originaire de Dôle, cette famille remonte au treizième siècle ; l'aigle d'or qu'elle porte dans ses armes lui a été concédée, en 1621, par l'empereur Ferdinand II, en mémoire de la bravoure déployée, par un de ses membres, à la bataille de Prague.

Jean de Saint-Mauris, seigneur de Montbarrey, conseiller au Parlement de Dôle, ambassadeur d'Espagne en France et président du Conseil privé, mort en 1555, et Léonor-Alexandre de Saint-Mauris, prince de Montbarrey, ministre de la guerre sous Louis XVI, sont les principales illustrations de cette famille [2].

XIV. YOLAND-MARIE-RENÉ, vicomte DE SAINT-MAURIS, fils de *Louis-Alfred*, comte *de Saint-Mauris*, et de *Marie-Louise-Vincente-Félicité Guillaume de Chavaudon*, né à Saint-Amour (Jura) le 29 août 1837. « De bonne heure il se sentit attiré par les travaux d'érudition. Quand il eut achevé ses études, il se fixa à Paris, où il suivit les cours de l'École des Chartes. Il reçut, en janvier 1864, le brevet d'archiviste-paléographe,

---

1. *La Noblesse aux États de Bourgogne,* par Beaune et d'Arbaumont. Dijon, Lamarche, MDCCCLXIV, p. 290.
2. *Idem.*

après avoir soutenu une thèse sur l'histoire de l'Instruction publique, en France, sous les Mérovingiens. Mais il n'était point de ceux qui, se cantonnant dans un domaine exclusif, se désintéressent en quelque sorte de tout le reste : il était, au contraire, du nombre des érudits qui veulent mettre leur science au service de la vérité et qui la retrempent aux véritables sources. A côté du savant, il y avait l'homme de bien, voué à la défense des plus nobles causes.

« Toutes les œuvres charitables, et au premier rang la Société de Saint-Vincent de Paul, l'eurent pour auxiliaire. Dès le début, il donna son concours à l'Œuvre des agrégations, fondée par M. H. Vrayet de Surcy, à la Société pour l'encouragement et l'amélioration des publications populaires, créée et dirigée par le vicomte de Melun, et lors de la formation de la Société bibliographique, au mois de février 1868, il s'y consacra avec un zèle et une intelligence qui contribuèrent puissamment au succès de l'œuvre.

« Secrétaire de la Société, il prit une large part à tous ses travaux, soit à la rédaction du *Polybiblion* et du *Bulletin de la Société*, soit à la mise en œuvre de ses diverses publications.

« Par son infatigable labeur, par l'aménité de son caractère, par son incomparable dévouement, il marqua sa place au premier rang. Il était de ces hommes, rares de nos jours, qui font le bien simplement, sans arrière-pensée. Avec une entière abnégation, avec une persévérance qui ne se démentit point un seul instant, il mit au service de l'œuvre son savoir, son intelligence et cette ardeur au travail que Dieu lui avait départie, et qui lui faisait trouver faciles les tâches les plus ardues. Toujours la plume à la main, il entretint, avec les membres de la Société, une correspondance suivie, stimulant leur zèle, répondant à leurs demandes, provoquant leur activité sur le terrain intellectuel. L'anémité de son caractère, le charme de ses relations lui conquirent d'universelles sympathies. Sa modestie seule pouvait lui dérober tout ce que son rare mérite lui conquit d'estime et d'autorité dans l'exercice de cet apostolat.

« A un caractère très ferme, à des principes dont rien n'altérait la solidité, il joignait une grande douceur, une inaltérable patience, une compatissante indulgence pour les erreurs où s'égarent, dans notre époque troublée, tant d'esprits dévoyés.

« C'était à la fois un chrétien fervent, un esprit droit, une intelligence élevée, un cœur généreux.

« Quand vint l'heure de nos désastres, il quitta sa plume, et fit vaillamment la campagne de l'Est dans les rangs des mobilisés. Puis, il reprit, avec une nouvelle ardeur, la tâche interrompue, travaillant sans relâche au relèvement de notre patrie.

« Les publications populaires et les œuvres charitables ne l'attiraient pas moins que les œuvres d'érudition et de vulgarisation scientifiques. On lui doit une édition du *Manuel des Œuvres,* entreprise sur la demande du regretté vicomte de Melun, et il ne cessa de s'associer activement aux travaux de la Société des publications populaires, devenue une des branches de la Société bibliographique.

« Tout entier à cet infatigable labeur, à la rédaction du *Pobybiblion;* collaborant, en outre, à la *Revue des questions historiques*, à laquelle il donna, en particulier, en 1869 (t. VI, p. 553), un article de mélanges sur l'*Assemblée de 1682*, à propos du livre de M. Gérin; au *Contemporain, revue d'économie chrétienne,* il ne put aborder des travaux de longue haleine, auxquels son érudition, aussi sûre que variée, l'avait pourtant si bien préparé, et sa thèse sur l'Instruction publique sous les Mérovingiens n'a point été imprimée. En 1865, il avait donné, sous le voile de l'anonyme, une charmante plaquette sous ce titre : *Conseils à ma fille et à mon gendre. Lettres d'un député de la noblesse aux États généraux*. En 1872, il donna au *Contemporain* un travail sur *Les Frères des Écoles chrétiennes en Amérique et l'instruction populaire*. L'année suivante, il publia, dans la *Revue historique et nobiliaire*, le *Ban et arrière-ban du bailliage de Bresse*, documents inédits accompagnés d'annotations. En avril 1872, de concert avec son ami M. de Beaucourt, il présenta à l'Assemblée générale des comités catholiques un rapport sur les diverses sociétés bibliographiques catholiques (vol. de 1872, p. 221-234). Deux ans plus tard, il fit, à un autre congrès, l'exposé du but et des travaux de la Société bibliographique (vol. de 1874, p. 175-179). Au congrès de 1876, il présenta un nouveau rapport sur les œuvres de propagande (vol. de 1876, p. 382-392). En 1878, il traita la question des *Almanachs* (vol. de 1878, p. 479-485). En 1875, il avait été chargé, comme membre du Bureau central de l'Union des œuvres ouvrières catholiques, de faire au congrès de Lyon un rapport sur le prix de Doudeauville. En 1880, il publia, sans nom d'auteur, une brochure intitulée : *L'Exécution des décrets du 29 mars dans le département de Saône-et-Loire: Paray, La Chaux, Mâcon, Autun*. Il a donné encore, dans les *Saints de l'atelier*, une petite *Vie de saint Cloud*.

» Ces productions, que la modestie de l'auteur dissimulait parfois, ne sauraient donner une idée de la somme de travail dépensée, par notre ami, dans sa vie trop courte, mais si bien remplie. Levé chaque jour dès cinq heures ou cinq heures et demie, il se mettait aussitôt à l'œuvre, et, à l'heure où la plupart commencent leur journée, il avait déjà fourni une longue carrière. Quel bel et rare exemple de vie austère, toute consacrée au bien, à l'exercice des vertus chrétiennes, à la Religion, à la Patrie et à la Science!

« C'est au milieu de ces travaux, qu'une santé florissante lui permettait de supporter sans relâche, que la mort est venue le frapper, mais non pas le surprendre. Il avait une somme de mérites que Dieu a voulu récompenser, sans lui laisser le temps d'y ajouter encore.

« Il laisse le souvenir d'une admirable vie, toute de travail et de dévouement, et offre le plus bel et fortifiant exemple.

« Puisse-t-il trouver de nombreux imitateurs.

« Il restera comme le type du savant chrétien, n'ayant jamais épargné ni son temps, ni sa peine dans l'exercice de ce devoir sacré qui s'impose à tout homme de bien : la défense de la vérité[1]. »

Il est mort à Beaurepaire (Saône-et-Loire), le 5 février 1883. Il avait épousé, à l'église Saint-Thomas d'Aquin, à Paris, le 19 février 1873, MARIE-CORENTINE DE BEAUREPAIRE, née à Paris, le 9 février 1843, fille de *Victor-Xavier-Marguerite*, marquis *de Beaurepaire*, et de *Louise-Marie-Gabrielle de La Croix de Castries*.

Sans enfant.

---

1. *Bulletin de la Société bibliographique*; Février, 1883. *Polybiblion*; Mars, 1883.

MONTRICHARD

Armes : De vair à une croix de gueules [1].

Cette maison figure presque sans interruption dans les registres de l'ordre de Saint-Georges depuis l'an 1461, jusque dans les derniers temps [2].

VIII. Marc-Antoine de MONTRICHARD, fils de *Claude de Montrichard* et de *Claudine de Vaudrey*, épouse Jeanne de MONTRICHARD, sa germaine, fille d'*Anatoile de Montrichard* et d'*Étiennette de Beaulrepaire*. P. 81.

Il est père de :

IX. 1° Edme-Adrien de MONTRICHARD, qui suit;

2° Anne de MONTRICHARD, chanoinesse à Château-Chalon;

3° Élisabeth de MONTRICHARD, mariée à Alexandre de BELOT, seigneur de Chevigney. P. 184.

---

1. *Armorial général de France*, par Charles d'Hozier. Franche-Comté. Dijon, 1875, p. 112.
2. *Histoire de l'Université du comté de Bourgogne*, par Labbey de Billy. Besançon, 1815, t. II, p. 123.

IX. Edme-Adrien de MONTRICHARD épouse Gabrielle de BAR.

Ils ont pour enfants :

X. 1° Gabriel-Joseph de MONTRICHARD, qui suit ;

P. 185.
2° Alexandrine de MONTRICHARD, mariée à Claude-Luc de BELOT, seigneur de Chevigney, son germain ;

P. 186.
3° Claude-Louise de MONTRICHARD, mariée à Bonaventure POUTIER, seigneur DE SONES ;

P. 187.
4° Madeleine de MONTRICHARD, mariée à Gérard de BOUTECHOUX, seigneur de Villette et de Chavanne ;

5° Gabrielle de MONTRICHARD, morte fille.

X. Gabriel-Joseph de MONTRICHARD, marié à Adrienne-Françoise de MONTRICHARD, sa cousine au septième degré, fille de *Nicolas-Jean-Baptiste de Montrichard* et de *Suzanne de Visemal,* dont il eut :

XI. Alexandre-Joseph de MONTRICHARD, qui suit.

XI. Alexandre-Joseph de MONTRICHARD, capitaine au régiment de dragons de Beaufremont, mort jeune en 1739, sans alliance [1].

---

1. *Histoire de l'Université du comté de Bourgogne,* par Labbey de Billy. Besançon, 1815, t. II, p. 129.

VAUDREY DE VALLEROY

Armes : Coupé, emmanché de gueules et d'argent [1].

Cette maison, une des plus illustres de la Franche-Comté, tire son nom du château de Vaudrey, situé entre Dôle et Salins. D'après Gollut, elle existait déjà au onzième siècle [2].

VIII. GABRIEL DE **VAUDREY**, seigneur DE **VALLEROY**, épouse ÉTIENNETTE DE **MONTRICHARD**, fille d'*Anatoile de Montrichard* et d'*Étiennette de Beaulrepaire* [3].

P. 82

---

1. *Armorial général de France*, par Charles d'Hozier. Franche-Comté. Dijon, 1875.
2. *Galerie héraldo-nobiliaire de France*, par L. Suchaux, Vesoul, 1878.
3. *Histoire de l'Université du comté de Bourgogne*, par Labbey de Billy. Besançon, 1815, t. II, p. 130.

MONTRICHARD

Armes : De vair à une croix de gueules [1].

Cette maison figure presque sans interruption dans les registres de l'ordre de Saint-Georges depuis l'an 1461, jusque dans les derniers temps [2].

VIII. Jean-Baptiste de MONTRICHARD [3], fils de *Hector de Montrichard* et de *Claudine de Chassagne*, épouse Georgine de MONTRICHARD, sa germaine, fille de *Anatoile de Montrichard* et d'*Étiennette de Beaulrepaire*.

Il est père de :

IX. 1° Claude-Jean-Baptiste de MONTRICHARD, qui suit;

2° Louise de MONTRICHARD, mariée en premières

---

1. *Armorial général de France,* par Charles d'Hozier. Franche-Comté. Dijon, 1875, p. 112.
2. *Histoire de l'Université du comté de Bourgogne,* par Labbey de Billy. Besançon, 1815, t. II, p. 123.
3. *Idem,* p. 129.

noces à Paul de SAINT-MAURIS, seigneur de LAMBREY, et en secondes noces à Antoine de VAUDREY, baron de SAINT-REMY.   P. 188. P. 189.

IX. Claude-Jean-Baptiste de MONTRICHARD, marié à Anne de DIGOINE, mort sans enfant.

VAULCHIER DU DESCHAUX

Armes : D'azur au chevron d'or, accompagné de trois étoiles de même, deux en chef, l'autre en pointe[1].

Famille reçue à Malte et dans les chapitres de noblesse, où l'on prouve seize quartiers, fut anoblie par l'archiduchesse Marguerite en 1516[2].

XI. François-Marie-César marquis de **VAULCHIER** du DESCHAUX[3], né à Dôle (Jura) en 1692, fils de *François-Louis de Vaulchier*, seigneur *du Deschaux*, marié en 1688 à *Claude-Nicole du Saix*[4].

Page de la Chambre sous Louis XIV en 1709. Il entra ensuite au régiment de Champagne, où il servit pendant quarante-cinq ans, et passa par tous les grades, jusqu'à celui de lieutenant-colonel commandant le régiment. Il reçut la croix de Saint-Louis et le grade de brigadier

---

1. *Armorial général de France*, par Charles d'Hozier. Franche-Comté. Dijon, 1875.
2. *Mémoires historiques sur la ville et seigneurie de Poligny*, par F.-F. Chevalier. Lons-le-Saunier, 1769.
3. *Histoire de l'Université du comté de Bourgogne*, par Labbey de Billy. Besançon, 1815, t. II, p. 118.
4. *Dictionnaire géographique, historique et statistique des communes de Franche-Comté*, par A. Rousset, t. II, p. 382.

d'infanterie, tout en continuant d'exercer l'emploi de lieutenant-colonel du régiment de Champagne, dont il suivit la bonne comme la mauvaise fortune, les campagnes, les batailles principalement à Denain, Raucoux, Laufeld.... Lorsque le régiment fut acheté par le comte de Gisors, alors âgé de dix-sept ans, le maréchal de Belle-Isle, ministre de la guerre, père du nouveau colonel, lui écrivit une longue lettre d'avis. Parmi ceux-ci, il semble n'en avoir pas eu tant à cœur, que celui de respecter et consulter en toutes choses le lieutenant-colonel du régiment : « Militaire respectable, dit le ministre, par de longs et excellents services, ayez pour lui la déférence la plus grande, ne donnez aucun ordre sans le consulter. »

En 1755 [1], il reçut, en récompense de ses services, des lettres patentes de marquis, pour lui et ses descendants, et prit sa retraite en 1757.

Il fut le premier de la famille inhumé dans l'église de Villers-Robert, dont dépendait Le Deschaux, jusqu'à lui les Vauchier avaient toujours conservé l'usage de se faire inhumer à Arlay, berceau de leur famille ; une dalle, recouvrant les restes de plusieurs d'entre eux, se voit encore dans cette église.

Il est mort en 1766 [2]. Il avait épousé en 1738 [3] FRANÇOISE-GASPARINE DE POLIGNY, fille de *François-Gabriel de Poligny*, seigneur d'*Evans, Augea, Berthelanges* et de *Claudine-Antoinette de Beaurepaire* [4]. P. 88.

---

1. *Annuaire de la noblesse*, par Borel d'Hauterive, année 1843.
2. *Statistique historique de l'arrondissement de Dôle*, par A. Marquiset. Besançon, 1842, t. II, p. 438.
3. *Dictionnaire historique, géographique et statistique des communes de Franche-Comté*, par A. Rousset, t. II, p. 382.
4. *Mémoires historiques sur la ville et seigneurie de Poligny*, par F.-F. Chevalier. Lons-le-Saunier, 1769, t. II, p. 262.

Il fut père de :

XII. 1° FRANÇOIS-GABRIEL DE VAULCHIER DU DESCHAUX, mort enfant;

2° CLAUDE-LOUIS DE VAULCHIER DU DESCHAUX, fut élevé au collège Mazarin, et ensuite à l'École des chevau-légers de la garde. Il était lieutenant au régiment de Champagne en 1754, et capitaine au régiment Mestre-de-Camp-Dragons en 1755. Il est mort sans alliance en 1770 ;

3° CHARLOTTE-GASPARINE DE VAULCHIER DU DESCHAUX, entra vers 1750 dans la maison royale de de Saint-Cyr, où elle fut élevée, et fut reçue, après preuves, au chapitre de Lons-le-Saunier, morte en 1767 ;

4° CHARLOTTE-ANTOINETTE DE VAULCHIER DU DESCHAUX, morte enfant;

5° GEORGES-SIMON DE VAULCHIER DU DESCHAUX, qui suit;

6° GEORGES-SIMON DE VAULCHIER DU DESCHAUX, mort au Deschaux (Jura), en 1803. Fut reçu chevalier de minorité dans l'ordre de Malte, langue d'Auvergne, en 1754. Ses preuves, déclarées admissibles en 1755, sont contre-signées des procureurs de l'ordre, les chevaliers de Montjouvent et de Lestranges. Il fit profession et devint, en 1787, commandeur titulaire de la commanderie des Feuillets, en Limousin. Après la dispersion de l'ordre, il se fixa au Deschaux, où il habita jusqu'à ce mort.

XII. GEORGES-SIMON marquis DE VAULCHIER DU DESCHAUX né en 1747. Il se fit recevoir chanoine à Saint-Claude en 1762, mais ne se sentant pas appelé à l'état ecclésiastique, il renonça au canonicat et à la prébende; fit ses preuves pour Malte, alla sur les galères de l'ordre accomplir ses caravanes, comme chevalier de Saint-Jean de Jérusalem. Il ne fit pas profession et obtint seulement, comme chevalier non profès, la permission, en 1778, de porter la croix de l'Ordre.

Il parut aux derniers États de la noblesse du bailliage de Dôle le 6 avril 1789 [1], et traversa, sans trop souffrir, les jours terribles de la Révolution. Appartenant aux idées réformatrices modérées, il tâcha de tirer parti de la situation nouvelle; fut, avant la mort du Roi, président du district de Dôle, plaida jusqu'en 1794 pour le maintien de ses droits et s'abstint d'émigrer. Emprisonné pendant la Terreur, il fut relaxé à la réaction de Thermidor et ne cessa d'habiter Le Deschaux où il conserva à sa famille la plus grande partie de ses biens. C'était un homme pieux, bienfaisant, d'un esprit cultivé et pénétrant. Il est mort en 1830.

Il avait épousé en 1777 [2] CHARLOTTE-FÉLICITÉ TERRIER DE MONTCIEL, fille de *Claude-François Terrier,* marquis *de Montciel,* seigneur de *Vaudrey,* maréchal de camp, et de *Gabrielle de Rousset.*

Il fut père de :

XIII. 1º LOUIS-RENÉ-SIMON DE VAULCHIER DU DESCHAUX, qui suit;

2º LOUISE-DARIE-SIMONNE DE VAULCHIER DU DESCHAUX, d'un esprit cultivé et qui semble n'avoir point ignoré son mérite. Elle se voua aux arts et travailla longtemps dans les ateliers des peintres les plus célèbres de l'époque, tels que Guérin, Re-

---

1. *Catalogue des gentilshommes de Franche-Comté,* par La Roque et Barthélemy. Paris, 1863.

2. *Dictionnaire géographique, historique et statistique des communes de Franche-Comté,* par A. Rousset, t. II, p. 382.

gnauld. Chanoinesse de Munich en 1827[1], elle vécut tantôt à Paris, tantôt au Deschaux, avec son frère, et mourut en 1834.

Elle est enterrée avec une de ses tantes, et la pierre tombale porte l'inscription suivante : « Ici reposent ensemble Marie-Louise-Antoinette, comtesse Terrier de Montciel, chanoinesse de Neuville, décédée le 1er février 1832, à l'âge de soixante-cinq ans, et sa nièce Louise-Darie-Simonne de Vaulchier, comtesse du Deschaux, chanoinesse de Sainte-Anne de Munich, décédée le 19 avril 1834, à l'âge de cinquante-cinq ans. Si peu de temps et pour la première fois séparées par la mort, Dieu les a réunies dans la mort[2]. »

XIII. Louis-René-Simon, marquis de VAULCHIER DU DESCHAUX, né à Dôle le 15 février 1780[3].

La période révolutionnaire, si pénible, que sa jeunesse eut à traverser, influa sur son éducation qui ne fut terminée que très tard par les soins du marquis de Montciel, son oncle maternel, ministre de Louis XVI jusqu'au 10 août.

Il mena une vie fort retirée jusqu'au 24 septembre 1814, époque à laquelle il fut nommé préfet du Jura[4]. Son influence dans ce département servit utilement la cause de la maison de Bourbon. Il occupait encore cette préfecture lors du retour de Napoléon en 1815. Dans cette circonstance difficile, il fit tous ses efforts pour engager les fonctionnaires civils et

---

1. *Annuaire de la noblesse*, par Borel d'Hauterive. Année 1857.
2. Cimetière Montparnasse, à droite, au Rond-Point, 13e division.
3. *Dictionnaire géographique, historique et statistique des communes de Franche-Comté*, par A. Rousset, t. II, p. 382.
4. Panthéon de la Légion d'honneur. *Dictionnaire biographique des hommes du dix-neuvième siècle*, par Lamathier. Paris, Dentu.

militaires à maintenir leur serment et refusa au maréchal Ney les pouvoirs qu'il lui offrait au nom de l'empereur. Par suite de ce refus, il fut forcé de se cacher près de Besançon, pour échapper à un ordre d'arrestation lancé contre lui par le maréchal Jourdan. Il parut comme témoin devant la Chambre des pairs lorsque le maréchal Ney y fut traduit. Il fut ensuite nommé à la préfecture de la Corrèze et administra ce département jusqu'en 1816, époque à laquelle il fut appelé à la préfecture de Saône-et-Loire. Là il s'attacha à propager, parmi les classes indigentes, l'instruction morale et religieuse, et une société de souscripteurs fut formée, sous ses auspices, pour l'établissement d'écoles d'enseignement mutuel. Il employa toute son influence et s'imposa même des sacrifices personnels pour mettre des écoles en pleine activité. En 1819, il fut chargé de remettre à la famille de Turenne le cœur du grand capitaine qui avait été déposé à Cluny.

Nommé préfet de la Charente le 18 avril 1820, il reprend le 19 juillet suivant l'administration de Saône-et-Loire; nommé membre de la Chambre des députés par le département du Jura, il fut constamment réélu jusqu'en 1830. Il fit presque toujours partie des diverses commissions chargées de l'examen des projets de lois d'administration.

De la préfecture de Saône-et-Loire, il fut appelé à celle du Bas-Rhin où il laissa des souvenirs de justice et de modération qui ne sont pas encore éteints.

Le 4 août 1824, il fut choisi pour remplacer le duc de Doudeauville dans l'administration des Postes, et le 20 mars 1828, il fut appelé à la direction des douanes pour remplacer M. de Saint-Cricq.

Conseiller d'État, commandeur de la légion d'honneur, il fut honoré de l'entière confiance du roi Charles X et de celle de son premier ministre, le comte de Villèle.

Rentré dans la vie privée, en 1830, il passa le reste de sa vie au Deschaux et à Besançon. C'était un homme pieux, modeste, laborieux, d'une intelligence moyenne, mais d'un grand bon sens et d'une grande droiture.

Il est mort à Besançon le 28 août 1862.

Il avait épousé, en 1807[1], Céleste-Guilhelmine-Gasparine MILLOT de MONTJUSTIN, née à Vesoul le 10 août 1790[2], morte à Besançon le 29 juillet 1881, fille de *Claude-François-Millot*, baron *de Montjustin* et de *Marie-Françoise-Xavière de Laurencin*[3], petite-fille de Philippe, comte de Laurencin, et de Simonne Gabrielle de Beaurepaire.

Il fut père de :

XIV. 1° Louis DE VAULCHIER DU DESCHAUX, qui suit;

2° Mlle DE VAULCHIER DU DESCHAUX, morte enfant;

3° Charles-Marie DE VAULCHIER DU DESCHAUX, né à Besançon, le 30 novembre 1812[4], épouse, en 1843, Hermine DE LA BOURDONNAYE, morte en 1853, fille *d'Amédée-Esprit*, comte de *La Bourdonnaye*, et de Mlle *de Villefranche*.

Il fut reçu à l'École polytechnique d'où il sortit comme officier du génie. Les opinions inébran-

---

1. *Dictionnaire géographique, historique et statistique des communes de Franche-Comté*, par A. Rousset, t. II, p. 382.
2. *Annuaire de la noblesse*, par Borel d'Hauterive. Année 1843.
3. *Histoire de l'Université du comté de Bourgogne*, par Labbey de Billy. Besançon, 1815, t. II, p. 118.
4. *Annuaire de la noblesse*, par Borel d'Hauterive. Année 1843.

lables de son père lui imposèrent une démission qu'il ne donna qu'à regret.

Il fut père de :

XV. 1° Céleste du VAULCHIER du DESCHAUX épouse M. Marie-Édouard MARÉCHAL, comte de VEZET ; P. 190.

2° Louise de VAULCHIER du DESCHAUX ;

3° Caroline de VAULCHIER du DESCHAUX épouse, en 1870, M. Philibert SÉGUIN comte de JALLERANGE. P. 191.

4° René-Gaspard de VAULCHIER du DESCHAUX, né à Besançon, le 23 février 1817[1], mort à Mantry (Jura), le 15 novembre 1880. Il avait épousé, en 1853, Caroline de LA BOURDONNAYE, fille d'*Amédée-Esprit*, comte de *La Bourdonnaye*, et de Mlle *de Villefranche*.

Il est père de :

XV. 1. Céleste de VAULCHIER du DESCHAUX, religieuse du Sacré-Cœur, morte à Lyon en décembre 1880 ;

2° Constance de VAULCHIER du DESCHAUX. Elle épouse à Besançon, le 3 mai 1880[2], le comte Paul CARRELET ; P. 192.

3° Georges de VAULCHIER du DESCHAUX, entré à Saint-Cyr en 1877. Officier au 2e régiment de chasseurs d'Afrique ;

4° Simonne de VAULCHIER du DESCHAUX ;

5° Pauline de VAULCHIER du DESCHAUX ;

6° René de VAULCHIER du DESCHAUX ;

7° Charles de VAULCHIER du DESCHAUX, mort enfant.

---

1. *Annuaire de la noblesse*, par Borel d'Hauterive. Année 1843.
2. *Idem*. Année 1881.

5° Henry de VAULCHIER du DESCHAUX, entré dans les ordres. Prieur de la Chartreuse de Valbonne;

6° Louise-Simonne-Félicie de VAULCHIER du DESCHAUX, née à Besançon le 10 septembre 1825[1], épouse M. Vincent-Ferrier-Jean Ferdinand-Joseph-Ignace YANKOVITZ de JESZENIZE, mort à Besançon le 7 mai 1880.

XIV. Louis, marquis de VAULCHIER du DESCHAUX, né au Deschaux (Jura) le 14 octobre 1808[2]. Ayant fait les plus brillantes études, il fut nommé auditeur au Conseil d'État, le jour même où furent publiées les ordonnances royales, si promptement suivies par la Révolution de 1830. Depuis lors il s'adonna aux lettres, aux arts, aux voyages. Son esprit mobile et puissant le porta à s'intéresser activement à toutes les affaires importantes de la province. Conseiller général, président du Conseil d'administration des forges de Franche-Comté, administrateur de la compagnie du chemin de fer Paris-Lyon-Méditerranée à laquelle il apporta, tout construit, l'embranchement Dijon-Besançon-Belfort; président du groupe des Salines de l'Est, il s'occupa avec succès de tout ce qu'il entreprit.

Il est mort à Nice le 12 janvier 1882.

Il avait épousé en 1836 Charlotte-Adrienne-Philippine DE MAUCLER, morte le 20 mai 1837[3], fille de *Nicolas-François-Louis,* comte *de Maucler,* chevalier de Saint-Louis et de Saint-Georges en Franche-Comté, et de *Anne de Cholet.*

---

1. *Annuaire de la noblesse,* par Borel d'Hauterive. Année 1843.
2. *Idem.*
3. *Idem.*

Il n'eut qu'un fils :

XV. Louis-Anne de VAULCHIER du DESCHAUX, qui suit.

XV. Louis-Anne, marquis de VAULCHIER du DESCHAUX, né le 28 février 1837. Capitaine aux mobiles du Jura en 1869, il fut nommé chef de bataillon, à la suite du combat de Beaune-la-Rollande, le 28 novembre 1870.

Grièvement blessé dans les lignes d'Héricourt, le 16 janvier 1871, et décoré pour ce fait le 11 mars suivant[1], il a été maintenu comme chef de bataillon au 55e régiment d'infanterie territoriale, et rayé des cadres en 1880, par décision du général Farre, ministre de la guerre.

Pendant la bataille d'Héricourt, « le commandant de Vaulchier, à la tête de ses Jurassiens, traverse le vallon de Verlans, rallie à sa gauche les tirailleurs du 85e, commence à gravir les mamelons de Saint-Valbert et se mêle aux francs-tireurs du Haut-Rhin. Les murs croulants, les carrières ouvertes, les buissons pleins de glace, sont franchis au pas de course. Nos braves montent toujours, mais les Allemands, à demi cachés dans le brouillard, font pleuvoir sur eux une grêle de balles.

« Il n'y a plus qu'un gradin à franchir pour atteindre le sommet et planter le drapeau, mais l'ennemi est à cent pas, il tire à bout portant, les Français tombent de toutes parts.

« Le commandant de Vaulchier, le corps traversé par une balle, essaye de se relever, ses camarades

---

[1]. Panthéon de la Légion d'honneur. *Dictionnaire biographique des hommes du dix-neuvième siècle*, par Lamathier. Paris, Dentu.

le reçoivent dans leurs bras et prennent encore ses ordres.

« A la nouvelle de cette fatale blessure, tout le bataillon se sent comme frappé du même coup. Besançon y voit le présage d'un fatal dénouement, la Comté s'émeut pour l'aîné de cette noble race, à qui l'épée et la plume sont également familières, et qui les met avec autant de zèle que de talent au service de la France.

« Dieu soit béni! Dieu nous l'a rendu! et je le vois agenouillé devant ses autels avec l'expression de la reconnaissance.

« Relisons cette page à nos neveux, ce n'est pas le succès, mais c'est le courage modeste, c'est l'indomptable honneur, c'est la foi chrétienne[1]. »

Il épouse le 27 décembre 1866 MARIE-ANATOLE-ALIX DE RAINCOURT, née le 5 juin 1841, fille de *Jean-Baptiste-Charles-Prosper*, marquis *de Raincourt*, et de *Marie-Adrienne-Jeanne-Henriette-Mathilde Orillard de Villemanzy*.

Ils ont pour enfants :

XVI. 1° LOUIS-MATHILDE-JOSEPH DE VAULCHIER DU DESCHAUX, né à Besançon le 15 avril 1868;

2° JEAN-BAPTISTE-CÉLESTE-MARIE DE VAULCHIER DU DESCHAUX, né à Besançon le 8 avril 1870;

3° CHARLES-MARIE DE VAULCHIER DU DESCHAUX, né au Deschaux le 5 juin 1872;

4° FRANÇOIS-LOUIS-MARIE DE VAULCHIER DU DESCHAUX, né au Deschaux le 1er août 1874;

---

1. *Oraison funèbre des soldats tués à la bataille d'Héricourt les* 15, 16, 17 *janvier* 1871, par M. l'abbé Besson.

5° Elisabeth-Marie-Renée de VAULCHIER du DESCHAUX, née au Deschaux le 30 septembre 1877;

6° Marie-Pierrette-Céleste de VAULCHIER du DESCHAUX, né au Deschaux le 14 juillet 1879;

7° Albert-Marie de VAULCHIER du DESCHAUX, né au Deschaux le 19 septembre 1882.

FRAGUIER

Armes : D'azur à la fasce d'argent, accompagné de trois grappes de raisin d'or, deux en chef, une en pointe [1].

P. 89.

XII. M. Augustin de FRAGUIER, écuyer, baron de Batilly, épouse Marie-Antoinette-Césarine de POLIGNY, fille de *Claude-Charles-Ferdinand de Poligny*, seigneur d'*Evans* et d'*Augea*, capitaine au régiment du Roi et chevalier de Saint-Georges, et de *Anne-Joséphine Mignot de La Bévière*.

Pour enfants :

P. 194.

XIII. Marie-Françoise de FRAGUIER, épouse Claude-Eugène-Frédéric GARNIER de FALLETANS, né à Dôle (Jura), en 1771, mort à Dôle le 7 novembre 1839, fils de *Pierre-Ferdinand Garnier de Falletans*, chevalier de Saint-Louis, et de *Marguerite-Simonne de Mesmay*.

---

1. *Galerie héraldo-nobiliaire de Franche-Comté*, par Louis Suchaux. Vesoul, 1878, t. I, p. 245.

HUGON D'AUGICOURT

Armes : De gueules à la bande ondée d'or, accompagnée de deux aiglettes d'argent, une en chef et l'autre en pointe [1].

D'après Chifflet, cette famille remonterait à Jean Hugon, de Fontaines-Françoise, qui, au quinzième siècle, acheta une maison à Gray, s'établit dans cette ville et fut confirmé en noblesse par Charles-Quint, le 24 février 1530. Sa descendance occupa de hautes charges de magistrature municipale et judiciaire, et donna sept conseillers au parlement de la Province [2].

XII. Charles-François-Xavier HUGON d'AUGICOURT, né à Besançon[3], était en 1784 conseiller au Parlement de cette ville[4] ; il épouse le 11 janvier 1791 Marie-Jeanne-Xavière DE POLIGNY, morte à Besançon le 31 juillet 1855, fille de *Claude-Charles-Ferdinand de Poligny,* seigneur d'*Evans* et d'*Augea,* capi-

---

1. *Galerie héraldo-nobiliaire de Franche-Comté,* par L. Suchaux. Vesoul, 1878, t. I, p. 297.
2. *Idem.*
3. *Un procès en revision de noblesse,* par le comte Hugon de Poligny. Besançon, J. Jacquin, 1876.
4. *Galerie héraldo-nobiliaire de Franche-Comté,* par L. Suchaux. Vesoul, 1878, t. I, p. 298.

taine au régiment du Roi et chevalier de Saint-Georges, et de *Anne-Josephine Mignot de La Bévière*[1].

Pour enfants :

XIII. 1º Marie-Joseph HUGON d'AUGICOURT, qui suit;

2º Ferdinand HUGON d'AUGICOURT, colonel d'état-major au siège de Rome en 1849; épouse Mlle Irène BOURGON, fille du président *Bourgon*, député du Doubs sous la Restauration, et de Mlle *Constance de Chaillot*. Ils eurent un fils mort en bas âge.

XIII. Marie-Joseph HUGON d'AUGICOURT, né à Besançon le 23 juillet 1792, épouse à Salins, le 11 avril 1836, Denise-Octavie BOMMARCHANT, née à Salins le 17 mai 1809, fille majeure de *Jean-Charles Bommarchant* et d'*Anne-Françoise-Émilie Lepin*[2].

Sans enfant.

---

1. *Généalogie de la famille Le Prestre de Vauban*, par L.-P. Desvoyes. Semur, 1873.
2. Extrait des *Registres des actes de mariage* de la ville de Salins (Jura).

CHARBONNIER DE CRANGEAC

Armes : De sable au sautoir d'or [1].

Famille de Bresse. Elle compte parmi ses ancêtres des chevaliers de Rhodes dès 1333 [2].

XI. Jean-Marie-Joseph CHARBONNIER, chevalier, comte de CRANGEAC, fils de *Claude-Guillaume,* seigneur de *Longes,* capitaine de cavalerie au régiment de Forcat, et de *Marie-Henriette de Mauléon,* ci-devant chanoinesse du chapitre de Poussay en Lorraine [3]; a été, plusieurs triennalités de suite, premier syndic de la noblesse de Bresse, élu par le corps [4]. Il épouse à Beaufort, le 12 novembre 1733 [5], Françoise-Gasparine de LAURENCIN-BEAUFORT, née à Beaufort le 17 novembre 1711 [6], fille de messire *Philippe,* comte de *Laurencin,* chevalier, seigneur de *Beaufort, Flacey,*

---

1. *Armorial général de France,* par d'Hozier. Bourgogne, t. II, p. 55.
2. *Dictionnaire de la noblesse,* par La Chesnaye-Desbois.
3. *Idem.*
4. *Idem.*
5. *Registres de l'état civil.* Beaufort (Jura).
6. *Idem.*

Crèvecœur, ancien capitaine au régiment de Marcillac [1], et de *Simonne-Gabrielle de Beaurepaire*; morte à Beaufort le 29 septembre 1746 [2].

Il est père de :

XII. 1º Marié-Philippe CHARBONNIER de CRANGEAC, capitaine au régiment de la Vieuville-Cavalerie [3];

2º Marie-Jacques CHARBONNIER, dit le chevalier de CRANGEAC, officier de marine [4];

3º Anne-Nicole CHARBONNIER d'ÉPEISOLLE, chanoinesse, comtesse, au chapitre noble de Neuville-les-Dames, en Bresse [5];

4º Marie-Gabrielle-Joseph CHARBONNIER de CRANGEAC. Elle était doyenne du chapitre noble de Neuville-les-Dames, au moment où il fut supprimé, le 10 décembre 1790 [6];

5º Marie-Charlotte CHARBONNIER de CRANGEAC. Elle était aumônière du chapitre noble de Neuville-les-Dames, au moment où il fut supprimé, le 10 décembre 1790 [7];

6º Marie-Françoise-Catherine CHARBONNIER de MARILLAC, chanoinesse comtesse au chapitre noble de Neuville-les-Dames [8].

---

1. Archives de la mairie de Beaurepaire en Bresse (Saône-et-Loire).
2. *Registres de l'état civil.* Beaufort (Jura).
3. *Dictionnaire de la noblesse.* La Chesnaye-Desbois.
4. *Idem.*
5. *Idem.*
6. *Notice sur l'ancien chapitre noble de Neuville-les-Dames*, par l'abbé A. Gourmand. Bourg, 1865.
7. *Idem.*
8. *Dictionnaire de la noblesse.* La Chesnaye-Desbois.

MILLOT DE MONTJUSTIN

XII. CHARLES-FRANÇOIS MILLOT, baron DE MONTJUS-
TIN [1], né à Montjustin en 1746, mort à Besançon le 7
octobre 1842, fils de *Guillaume-Antide Millot*, baron
de *Montjustin*, par lettres du mois de décembre 1746,
et de *Jeanne-Charlotte Jouffroy d'Albans;* avait épousé
à Beaufort, le 9 septembre 1778 [2], MARIE-FRANÇOISE-
XAVIÈRE DE LAURENCIN-BEAUFORT, chanoinesse   P. 94.
au chapitre royal de Neuville-les-Dames, âgée de vingt
ans, née de Beaufort, morte à Paris en 1830, fille de
Jean-Marie de Laurencin, seigneur de *Beaufort,* et de
Catherine-Angélique de Beraud.

Il est père de :

XIII. CÉLESTE-GASPARINE-GUILHELMINE MILLOT DE
MONTJUSTIN, née à Vesoul le 10 août 1790 [3];
morte à Besançon le 29 juillet 1881 ; avait épousé,
en 1807 [4], LOUIS-RENÉ-SIMON, marquis DE VAUL-
CHIER DU DESCHAUX, né à Dôle le 15 fé-   P. 146.
vrier 1780 [5], mort à Besançon le 28 août 1862.

---

1. *Histoire de l'Université du comté de Bourgogne,* par Labbey de Billy. Besançon, 1815, t. II, p. 275.
2. *Registres de l'état civil.* Beaufort (Jura).
3. *Annuaire de la noblesse,* par Borel d'Hauterive. Année 1843.
4. *Dictionnaire géographique, historique et statistique des communes de Franche-Comté,* par Rousset, t. II, p. 382.
5. *Idem.*

PAUL DE SAINT-MARCEAUX

P. 95.
XIV. M. DE PAUL DE SAINT-MARCEAUX épouse Mlle MARIE DE LAURENCIN-BEAUFORT, née le 2 novembre 1826, morte le 5 mai 1851, fille de *Ferdinand*, comte de *Laurencin-Beaufort*, et de Mlle *de Moy de Sons*.

Il est père de :

P. 199.
XV. MARTHE DE PAUL DE SAINT-MARCEAUX, épouse, le 7 juin 1870, M. BEAUMÉ, receveur particulier à Bergerac.

BARBIER

XIV. Le baron BARBIER, né à Paris, le 3 février 1813, mort à Dunkerque le 7 juillet 1863, fils du baron *Paul Barbier* et de *Florimonde Gondran*, épouse à Suresnes, le 19 novembre 1860, Louise-Marie-Charlotte de LAURENCIN-BEAUFORT, née à Montigny-la-Croix, le 5 octobre 1830, fille de *Ferdinand*, comte *de Laurencin-Beaufort*, et de Mlle *Appoline-Augustine-Geneviève de Moy de Sons*.

Il est père de :

XV. 1° Georges BARBIER, né le 10 octobre 1861;
2° Paul BARBIER, né le 28 septembre 1863.

DUPORT DE RIVOIRE

P. 100.

XIII. Charles-Louis-Catherin DUPORT, baron de RIVOIRE, mort au château de Rivoire, commune de Montagnat (Ain), en 1872, fils de *Aimé-Olivier du Port*, baron *de Rivoire* et *de Revonas*, officier au régiment de Foix, et de *Marie-Anne Bourbon du Deaule;* avait épousé Sophie LE PRESTRE DE VAUBAN[1], décédée en 1869, fille de *Pierre-François Le Prestre de Vauban.*

Il a pour enfants :

P. 200.

XIV. 1° Henriette DUPORT de RIVOIRE, épouse M. Alpin GRANT de VAUX;

P. 201

2° Camille DUPORT de RIVOIRE, épouse M. de BOURNET;

3° Olivier DUPORT de RIVOIRE, qui suit;

P. 202.
P. 204.

4° Françoise-Marie DUPORT de RIVOIRE, épouse : 1° M. d'ENTRAIGUES du PIN; 2° M. de PRIEL.

---

1. *Généalogie de la famille Le Prestre de Vauban*, par L.-P. Desvoyes. Semur, 1873.

XIV. Olivier **DUPORT** de **RIVOIRE**, épouse Mlle BE-THENOD, et a pour enfants :

XV. 1° Louis **DUPORT** de **RIVOIRE** ;

2° Mlle **DUPORT** de **RIVOIRE** ;

3° Mlle **DUPORT** de **RIVOIRE**.

BOUILLET DE LA FAYE

Armes : D'azur au chevron d'or, accompagné de trois bessants de même ; au chef de gueules, soutenu d'or et chargé d'un croissant d'argent entre deux étoiles de même [1].

XIII. Ferdinand-Guillaume BOUILLET de LA FAYE, né à Paray-le-Monial, le 13 juillet 1802, mort à Paray-le-Monial, le 28 avril 1871, fils de *Jacques-Étienne-Philibert Bouillet de La Faye*, et de *Marie-Françoise-Antoinette Chevalier-Desraviers*, avait épousé à Besançon, le 31 mars 1831, Georgette-Simonne-Antoinette LE PRESTRE de VAUBAN [2], née à Besançon, le 5 octobre 1809, morte à Paray-le-Monial, le 11 février 1880, fille de *Jean-Baptiste-Antoine Le Prestre*, vicomte *de Vauban*, et de *Jeanne-Baptiste-Marie-Antoinette-Anne de Poligny*.

Ils ont pour enfants :

XIV. 1º Marie BOUILLET de LA FAYE, née à Lyon le 15 février 1833 ; épouse M. Louis-Joseph CONSTANTIN de CHANAY ;

---

1. *La Noblesse aux États de Bourgogne*, par H. Beaune et J. d'Arbaumont. Dijon, Lamarche, MDCCCLXIV.
2. *Généalogie de la famille Le Prestre de Vauban*, par M. L.-P. Desvoyes. Semur, 1873, p. 20.

2° Étienne-Ferdinand-Antoine BOUILLET DE LA FAYE, qui suit;

3° Antoine-Henri BOUILLET DE LA FAYE, né à Lyon le 13 février 1849.

XIV. Étienne-Ferdinand-Antoine BOUILLET DE LA FAYE, né à Lyon, le 30 avril 1840, mort au château de la Faye le 10 mai 1871, avait épousé à Arras, le 19 mars 1867, Louise-Marie-Georgine LE JOSNE DE CONTAY, née à Arras le 3 mars 1844, fille de *Léon-Marie-Constant*, marquis *Le Josne de Contay*, et de *Anne-Victoire-Joséphine d'Aix*.

Ils ont pour enfant :

XV. Jeanne-Marie-Antoinette BOUILLET DE LA FAYE, née à Moulins le 23 mars 1871.

BARLATIER DE MAS

Armes : D'azur à la croix alaisée d'or, cantonné de quatre étoiles d'argent.

XV. STANISLAS-FERNAND BARLATIER DE MAS, né le 24 février 1840, fils de *Paul-Albert-Raymond,* baron *Barlatier de Mas,* et de *Marie-Elise Trapier de Malcolm.* Entré à l'École polytechnique en 1858; élève-ingénieur des ponts et chaussées en 1860. Ingénieur de 3ᵉ classe en 1863, de 2ᵉ classe en 1869, de 1ʳᵉ classe en 1876.

Il épouse à Gizia (Jura), le 6 juillet 1870, JEANNE-HYACINTHE-ADONE-MARIE DE THOISY, née à Mâcon, le 25 janvier 1849, fille de *Louis-Adrien-Roger de Thoisy,* né à Joudes (Saône-et-Loire), le 22 mai 1817, mort à Gizia (Jura), le 8 août 1881, et de *Alix-Hyacinthe-Hippolyte Richard de Soultrait,* née à Montbrison, le 28 avril 1829.

Il est père de :

XVI. PIERRE DE MAS, né à Lyon le 5 mai 1871.

PILLOT DE COLIGNY

Armes : De gueules à l'aigle d'argent membrée, becquée et couronnée d'azur, armée et languée d'or[1].

XIV. Marie-Esprit-Eugène-Louis de PILLOT, comte de COLIGNY, né au château de Choye (Haute-Saône), le 6 août 1815, fils de *François-Charles-Emmanuel-Edwige de Pillot,* comte *de Coligny,* et de *Charlotte-Victoire-Clémentine-Angélique de Messey-Beaupré,* épouse à Joudes (Saône-et-Loire), le 28 décembre 1841, Louise-Georgine-Elizabeth-Nancy dite Berthe de THOISY, née au château de Joudes, le 15 octobre 1823, fille de *Jean-Baptiste-Amédée-Madeleine,* baron *de Thoisy,* et de *Amélie-Henriette-Jeanne Guillaume de Chavaudon.* P. 108.

Il est père de :

XV. 1° Anne-Marie-Henriette-Edwige de PILLOT de COLIGNY, née au château de Choye le 5 avril 1844, épouse à Choye, le 15 février 1870, Félix RAVIOT de SAINT-ANTHOT, né à Dijon le 8 décembre 1846, fils de *Hubert Raviot de Saint-Anthot* et de *Claire de Charentenay;* P. 206.

---

1. *Galerie héraldo-nobiliaire de Franche-Comté,* par Louis Suchaux. Vesoul, 1878, t. I, p. 171.

2° Marie-Auguste-Donat-Raoul de PILLOT de COLIGNY, qui suit ;

3° Marie-Joseph-Philibert-Christian de PILLOT de COLIGNY, né au château de Choye le 2 juin 1847, épouse à Velars (Côte-d'Or), le 6 janvier 1875, Mlle Aurélie MORELET, née au château de Velars le 14 juillet 1856, fille de *Marie-Pierre-Arthur Morelet* et de *Louise-Bonaventure-Noémie de Folin*.

Il est père de :

XVI. 1° Gaston-Marie-Louis de PILLOT de COLIGNY, né à Velars le 3 octobre 1875 ;

2° Arthur-Marie-Georges de PILLOT de COLIGNY, né à Velars le 9 octobre 1877 ;

3° Romain-Marie-Guillaume de PILLOT de COLIGNY, né à Velars le 27 mars 1879 ;

4° Madeleine de PILLOT de COLIGNY, née à Velars ;

5° Mlle de PILLOT de COLIGNY, née à Velars le 27 juin 1883.

4° Marie-Charles-Henri-Gaston de PILLOT de COLIGNY, né à la Choye le 3 mai 1849. A fait comme sous-officier au 47e régiment d'infanterie de ligne la campagne de 1870, et pris part aux batailles de Reischoffen, Beaumont et Sedan. Fait prisonnier, il s'est évadé. Nommé sous-lieutenant, le 1er novembre 1870, au 14e bataillon de chasseurs à pied, il est passé avec son grade au 30e bataillon le 16 février 1871, et a fait dans ce dernier corps la campagne de Paris. A la prise du pont de Neuilly (7 avril), il commandait deux sections et fut, le lendemain, mis à l'ordre du bataillon pour sa belle conduite. Blessé peu de jours après, il mourut, à Fribourg, le 21 juin 1871.

« *N° 39. Ordre du bataillon*. Le commandant porte à la connaissance du bataillon la perte regrettable qu'il vient de faire dans la personne de M. de Pillot de Coligny (Marie-Charles-Henri-Gaston), sous-lieutenant, entré à l'hôpital à la suite d'une blessure.

« Cet officier est décédé dans ses foyers le 21 juin.

« Possédant, malgré son extrême jeunesse, de brillantes qualités militaires, M. de Coligny semblait promettre dans l'avenir un bon officier à l'armée. Il avait su se concilier dans le peu de temps qu'il a passé au bataillon la sympathie et l'estime de tous, et emporte dans la tombe les regrets sincères de tous ceux qui l'ont connu.

« Paris, 5 juillet 1871.

« Signé : L. LANES. »

5° MARIE-ÉLISABETH-GEORGINE-THÉRÈSE DE PILLOT DE COLIGNY, née au château de Choye, le 22 mars 1851, épouse à Choye, le 6 octobre 1875, RODOLPHE DE CUSSY, né à Bayeux le 25 février 1852, fils de *Marie-Adalbert de Cussy* et de *Marie de Cussy*;

P. 207.

6° MARIE-PAUL-FRANÇOIS-DOMINIQUE-FERNAND DE PILLOT DE COLIGNY, né au château de Choye le 10 février 1853, épouse à Velars (Côte-d'Or), le 2 janvier 1878, Mlle LIA MORELET, née à Dijon le 21 avril 1859, fille de *Marie-Pierre-Arthur Morelet* et de *Louise-Bonaventure-Noémie de Folin*.

Il est père de :

XVI. 1° AMAURY DE PILLOT DE COLIGNY, né à Velars le 27 décembre 1878, mort à Dijon le 11 février 1879;

2° MARIE-LOUISE-ÉDITH DE PILLOT DE COLIGNY, née à Velars le 26 avril 1880;

3° AMAURY DE PILLOT DE COLIGNY, née à Velars.

7° Gonzague de PILLOT de COLIGNY, né à Fribourg (Suisse), le 30 avril 1854, épouse à Villegussin (Haute-Marne), le 27 octobre 1880, Charlotte-Marie-Céline-Marguerite d'Amédor de MOLLANS, née à Langres le 7 août 1858, fille de *Gustave*, comte *d'Amédor de Mollans*, colonel en retraite, décédé en son château de Villegussin (Haute-Marne), le 22 juin 1883, dans sa soixante-quatrième année, et de *Coralie Simony*.

Il est père de :

XVI. 1° Geneviève-Marguerite-Marie-Louise de PILLOT de COLIGNY, née à Vesoul le 31 juillet 1881.

8° Marie-Catherine-Geneviève-Béatrix de PILLOT de COLIGNY, née au château de Choye, le 12 août 1856, épouse à Choye, le 1er mars 1880, le comte Xavier de MESSEY, né au château de Loncherais (Maine-et-Loire), le 10 octobre 1857, fils de *Léon*, comte de *Messey*, et de *Louise Doublard du Vigneau*;

9° Marie-Nicole-Amélie-Geneviève de PILLOT de COLIGNY, née au château de Choye, le 15 avril 1859, épouse le 24 octobre 1882 le comte Oscar de RIVOIRE de LA BASTIE.

XV. Marie-Auguste-Donat-Raoul de PILLOT, comte de COLIGNY, né au château de Choye, le 4 janvier 1846; sous-lieutenant le 9 août 1870 au 41e de ligne; lieutenant le 3 mai 1873 au 21e, puis au 3e bataillon de chasseurs à pied; chef de bataillon au 57e régiment territorial d'infanterie le 16 mars 1878.

Campagne contre l'Allemagne du 15 juillet 1870 au 10 juin 1871.

Il épouse à Dijon, le 27 novembre 1872, Marie-Anne-Hélène QUARRÉ de CHATEAU-REGNAULD d'ALIGNY, née à Autun, le 22 août 1853, fille de *Ludovic-Étienne Quarré de Château-Regnauld d'Aligny* et de *Marie-Yolande de Montmorillon*.

Il est père de :

XVI. 1° MARIE-LOUIS-CHARLES-SIMON-GASPARD DE PILLOT DE COLIGNY, né à Auxerre le 27 août 1873;

2° ANNE-MARIE-LUDOVIC-EMMANUEL-GUY DE PILLOT DE COLIGNY, né le 20 novembre 1876;

3° ODETTE DE PILLOT DE COLIGNY, née à Besançon en janvier 1883.

BALAHU DE NOIRON

Armes: D'azur à quatre vergettes de gueules, un chevron d'argent sur le tout, et au chef cousu du champ chargé d'un aigle de sable [1].

Les Balahu sont d'origine espagnole. On voit, d'après d'anciens documents concernant la famille, qu'ils étaient établis en Franche-Comté au quinzième siècle. Les contrats de mariage les montrent, depuis cette époque, alliés aux meilleures familles du pays. On les voit, dès cette époque, user généreusement de leur fortune et contribuer à la construction de divers sanctuaires [2]. Dans l'église paroissiale de Gray, rebâtie en 1500, on voit leurs armes aux vitraux de la chapelle du côté droit du maître autel, et dans la chapelle des Cordeliers, elles se trouvent également à la clef de voûte.

XIV. Louis-Joseph-Étienne BALAHU DE NOIRON, né à Bar-sur-Seine, le 26 décembre 1815, mort à Paris le 26 mars 1869, fils de *Charles-Félix Balahu de Noiron,* mort à Briancourt (Haute-Marne), le 2 avril 1864, et de *Joséphine Labbe de Briancourt,* morte à Soissons, le 4 avril 1865.

Il épouse à Soissons, le 5 juillet 1843, Cécile-Agathe-Élisabeth BROQUARD DE BUSSIÈRES [3], née à

---

1. *Galerie héraldo-nobiliaire de Franche-Comté,* par Louis Suchaux. Vesoul, 1878, t. I, p. 38.
2. *Notice sur Madame de Noiron.* Saint-Quentin, 1883.
3. *Madame de Bussières,* par l'abbé Henri Congnet. Paris, Lethielleux, 1868.

Soissons, le 26 octobre 1822, fille de *Charles-François-Broquard de Bussières,* né à Besançon, le 26 janvier 1791, mort à Soissons le 1ᵉʳ septembre 1853, et de *Désirée-Élisabeth Levesque de Pouilly,* née à Soissons le 10 mars 1798, morte à Soissons le 25 août 1865.

« Mᵐᵉ de Noiron a passé sa vie dans la pratique de la piété. Elle a été charitable envers les indigents, les malades, les sourds-muets, les aveugles...

« Elle a fait donner une éducation chrétienne à bon nombre de jeunes gens dont les parents n'avaient pas de ressources. Les séminaires, les maisons religieuses connaissent sa bienfaisance.

« Ses bienfaits ne se sont pas concentrés dans le Soissonnais; le diocèse de Reims en fut aussi très souvent l'objet.

« Elle est morte, comme elle a vécu, dans la paix du Seigneur. Ses obsèques ont eu lieu à Soissons, le jeudi 10 mars 1879, au milieu d'un concours empressé. Tout le monde tenait à faire savoir à son honorable fils que sa douleur et son deuil étaient partagés [1]. »

Il n'a laissé qu'un fils.

XV. Jules-Ferdinand BALAHU de NOIRON, né à Soissons le 5 août 1844 [2]. Il épouse à Soissons, le 29 janvier 1868, Mˡˡᵉ Marie-Félicie-Antoinette BRANCHE DE FLAVIGNY [3], née à Soissons le 8 juin 1848, morte à Briancourt (Haute-Marne) le 18 octobre 1873 [4], fille de *Alexandre-Pierre-Gustave Branche de Flavigny* et de *Henriette-Léonie Beauvisage de Seuil.*

---

1. *Semaine religieuse* de Soissons, 22 mars 1879.
2. *Madame de Bussières,* par l'abbé Henri Congnet. Paris, Lethielleux, 1868.
3. *Notice sur Madame de Noiron.* Saint-Quentin, 1883.
4. *Idem.*

Il épouse en secondes noces, à Nantilly, le 5 janvier 1876, M{}^{lle} ANNE-LOUISE-MARIE-DELPHINE PAGUELLE DE LARRET, née à Besançon, le 26 mai 1855, fille de *Louis-Marie-Xavier-Adéodat Paguelle de Larret* et de *Adélaïde-Albertine-Stéphanie-Julie Hymmès*.

Il a de son premier mariage :

XVI. JOSEPH-HENRI-GABRIEL BALAHU DE NOIRON, né à Soissons le 26 décembre 1868;

et du second :

1º ÉLISABETH-MARGUERITE BALAHU DE NOIRON, née à Soissons le 15 janvier 1877;

2º N. BALAHU DE NOIRON;

3º N. BALAHU DE NOIRON.

MONTILLET

XIII. Le baron DE MONTILLET, né le 2 germinal an VI, épouse, le 25 avril 1824, ALIX PELLETIER DE CLÉRY, née le 25 juillet 1806, morte le 29 novembre 1832, fille de *Louis-Victor-Élisabeth Pelletier de Cléry* et de *Louise-Aimée de Beaurepaire*.
 Sans enfants.

P. 118.

BERBIS DES MAILLYS

Armes : D'azur au chevron d'or, accompagné en pointe d'une brebis d'argent[1].

Originaire de Seurre, la famille Berbis a fourni plusieurs maires à cette ville où elle était connue dès le milieu du quatorzième siècle[2].

P. 118.

XIII. Louis-Antoine BERBIS des MAILLYS, né le 14 mai 1801, mort à Dijon, le 29 mars 1861.

Il avait épousé à Dijon, le 29 avril 1829, Elisabeth PELLETIER de CLÉRY, née le 14 décembre 1808, fille de *Louis-Victor-Élizabeth Pelletier de Cléry,* et de *Louise-Aimée de Beaurepaire.*

Sans enfants.

---

1. *Armorial de la Chambre des comptes de Dijon,* par Beaune et d'Arbaumont. Dijon, Lamarche, p. 90.
2. *Idem.*

PRACOMTAL

XIV. ATHANASE-ARMAND comte DE PRACOMTAL, né à Laval, le 16 juin 1816, mort au Bois-Avenel, près Ducey (Manche), le 23 mars 1880, fils de *Athanase-Jean-Henri de Pracomtal* et de *Renée de Valloux;* avait épousé, le 20 mai 1844, VALENTINE-LOUISE DE DRÉE, née à Paris le 17 avril 1824, fille de *Louis-Claude-Gustave comte de Drée* et de *Zoé-Françoise-Antoinette de Beaurepaire.*

P. 124.

« Le comte Armand de Pracomtal, un des plus fidèles et dévoués serviteurs de la monarchie, n'était pas seulement une nature droite, un cœur élevé, un ami sûr, c'était un homme d'action.

« Il est beau de voir, au milieu des défaillances de notre temps, des hommes courageux et dévoués, sans ambition personnelle, avec cette délicatesse qui cherche un ami de demain dans un adversaire d'aujourd'hui, travailler avec zèle, et malgré les déceptions de l'heure présente, à rapprocher les cœurs, à dissiper les malentendus, à combattre le scepticisme politique, qui est la grande plaie de notre époque et qui entraîne la prostration des volontés et l'effacement des caractères, à défendre en un mot tous les grands principes qui sont la vie et la sauvegarde des sociétés.

« C'était bien là une des plus nobles préoccupations de ce noble cœur, aussi modeste que sympathique, toujours prêt à soutenir les deux grandes causes qui sont l'espoir et le salut de la France, la cause de Dieu et celle du roi.

« Une vie de dévouement et d'action incessante pour le bien est, pour le chrétien, une noble et féconde préparation à ce grand jour où, tout s'effaçant devant les choses du ciel, il n'a plus d'autres pensées que de remettre son âme dans les mains de son Dieu. Il peut alors se confier sans crainte à la miséricorde infinie de Celui qui, sondant les cœurs et les reins, sait y découvrir, pour le récompenser au centuple, le bien voulu, cherché, préparé en son nom.

« Puissent ces quelques lignes, bien insuffisante expression de notre sympathie, adoucir la douleur d'un cœur qui était si complètement uni au sien et qui s'associait si intimement à tous ses dévouements; puissent-elles apporter quelque consolation à un fils unique, qui saura porter dignement le nom de son père, car il est des tombeaux d'où s'échappe un souffle de vie et d'honneur tout-puissant sur un cœur bien né [1]. »

Il est père de :

XV. 1° ANDRÉ-CHARLES-ANTOINE DE PRACOMTAL, né à Avranches le 10 janvier 1847, mort à Redon le 27 juin 1862;

2° MAX-JOSEPH DE PRACOMTAL, né à Avranches le 4 octobre 1849.

---

1. *L'Avranchin*, 11 avril 1880. Du Homme.

PRÉVOST DE SANSAC DE LA VAUZELLE

Armes : D'argent à deux fasces de sable, accompagnées de six merlettes du même, posées trois, deux, une.

Ancienne famille chevaleresque des Prévost, remontant au dixième ou au commencement du onzième siècle. Ils se sont illustrés dans la carrière des armes et ont fourni différents officiers généraux distingués, de terre et de mer, des gouverneurs de l'Augoumois, du Bordelais et plusieurs prélats éminents.

Le baron de Sansac fut gouverneur des Enfants de France, François II et Charles IX, et mourut avec le titre de maréchal de France.

XIV. Germain-Pierre-Ernest PRÉVOST de SANSAC, marquis de LA VAUZELLE, né le 3 juillet 1827 au château de Puybeautiers (Charente), mort à Paris, le 2 avril 1871, fils de *Jacques-Timoléon Prévost de Sansac*, marquis *de La Vauzelle*, et de *Françoise-Marie-Monique des Vignes;* avait épousé le 14 novembre 1849 Stéphanie-Louise-Camille de DRÉE, née à Sennecey-lez-Mâcon, le 17 novembre 1830, fille de *Louis-Claude-Gustave*, comte *de Drée*, et de *Zoé-Françoise-Antoinette de Beaurepaire.*

Il est père de :

XV. 1° Timoléon-Germain-François-Henri PRÉVOST de SANSAC de LA VAUZELLE, né au château de Puybeautiers le 29 novembre 1850. Engagé volontaire au 4ᵉ régiment de hussards le 6 février 1869.

Brigadier le 10 août 1869. Brigadier-fourrier le 3 décembre 1869. Maréchal-des-logis le 20 juillet 1870. Passé au 7ᵉ régiment de hussards le 8 mars 1871. Maréchal-des-logis-fourrier le 15 octobre 1874. Maréchal-des-logis-chef le 1ᵉʳ décembre 1874. Détaché à l'École de cavalerie de Saumur le 1ᵉʳ mai 1878. Sous-lieutenant au 19ᵉ régiment de chasseurs à cheval le 10 octobre 1879.

Campagne contre l'Allemagne du 21 juillet 1870 au 8 mars 1871.

Prisonnier à Sedan le 1ᵉʳ septembre 1870, évadé le 14 du même mois. Décoré de la croix d'argent du mérite militaire d'Espagne le 22 mars 1877;

2° Henriette-Marie-Marguerite PRÉVOST de SANSAC de LA VAUZELLE, née au château de Puybeautiers le 19 mars 1852, morte à Strasbourg le 16 septembre 1879;

3° Charles-Louis-Marie-Georges PRÉVOST de SANSAC de LA VAUZELLE, né au château de Croutelle (Mayenne), le 22 octobre 1853;

4° Henriette-Marie-Berthe PRÉVOST de SANSAC de LA VAUZELLE, née à Bordeaux le 22 octobre 1857, épouse à l'église Sainte-Clotilde, à Paris, le 22 novembre 1880, le comte Alexandre-Marie-Joseph-Denys RENOM de LA BAUME, né à Draguignan, le 3 mars 1849, fils de *Charles-Édouard-Léopold Renom de la Baume* et de *Marie-Louise-Dorothée de Wys*.

P. 210.

Campagne de 1870-71. Sous-officier de mobiles, attaché à l'état-major du général d'Hugues. Armée royale espagnole : lieutenant de cavalerie, par grâce royale, le 9 septembre 1874; officier d'ordonnance du général en chef le 30 septembre 1874; capitaine le 27 mars 1875; aide de camp du général en chef le 31 mars 1875; chef d'escadron le 27 juillet 1876. Décoré du mérite militaire rouge le 2 octobre

1874, plaque du même ordre le 3 novembre 1876.

Un cheval tué sous lui et une balle dans le bras dans les journées des 24, 25 et 26 septembre 1874. Coup de feu à la jambe et coup de poignard à la poitrine le 11 août 1876. A rapporté un drapeau à l'action de Daroca;

5° Joseph PRÉVOST DE SANSAC DE LA VAUZELLE, né à Bordeaux le 7 août 1862, mort le 4 juin 1863;

6° Antoine PRÉVOST DE SANSAC DE LA VAUZELLE, né à Bordeaux le 27 avril 1864, mort le même jour.

VILLARET DE JOYEUSE

Armes: D'or à trois monts de gueules surmontés d'une corneille de sable.

XIV. Marie-Thomas-Louis **VILLARET de JOYEUSE**, fils de *Auguste-Marie-Félix Villaret de Joyeuse* et de *Marie-Aglaée-Juliette d'Eschallard*; né le 25 janvier 1826 à Paris, élève à l'École spéciale militaire de Saint-Cyr le 14 novembre 1843; a contracté un engagement volontaire le 1er février 1844; nommé sous-lieutenant au 1er régiment d'infanterie de ligne le 1er octobre 1845; démissionnaire le 6 novembre 1849; passé au régiment des zouaves le 16 novembre 1849; caporal le 1er avril 1850; sergent le 29 septembre 1850; sergent-fourrier le 5 mars 1851; sergent le 26 février 1852; passé avec son grade au 3e régiment de zouaves le 4 mars 1852; nommé sous-lieutenant le 30 décembre 1852; lieutenant le 24 mars 1855; passé au 29e régiment d'infanterie de ligne le 2 avril 1858; capitaine le 13 août 1863; mis en non-activité pour infirmités temporaires le 18 février 1867.

Rappelé à l'activité au 134e régiment d'infanterie de ligne le 1er janvier 1871; passé au 113e régiment d'infanterie de ligne le 12 mai 1871.

Décédé à Paris, à l'ambulance de la Presse, le 21 juin 1871.

Campagnes : Du 3 mars 1850 au 2 avril 1854, en Afrique; du 3 avril 1855 au 25 juillet 1855 et du 3 décembre 1855 au 13 mai 1856, en Orient (a reçu la médaille de Sa Majesté la reine d'Angleterre); du 14 mars 1856 au 28 novembre 1857, en Afrique; du 2 octobre 1861 au 19 janvier 1866, à Rome; du 30 août 1870 au 7 mars 1871, contre l'Allemagne, à l'intérieur.

Blessures : un coup de feu à la cuisse droite le 10 avril 1851 à l'assaut de Selloum (Algérie); contusion à l'épaule droite le 17 mars 1855 en Crimée; à la jambe gauche le 9 mai 1855 devant Sébastopol; un coup de feu à l'épaule gauche le 7 juin 1855 en Crimée; un coup de feu à la cuisse droite et un coup de feu au pied droit le 22 mai 1871.

Chevalier de la Légion d'honneur.

Il avait épousé à Paris, à l'église Saint-Thomas-d'Aquin, le 29 juin 1868, ANTOINETTE-MARIE-ZOÉ DE MARSEUL, née à Loches le 28 novembre 1839, fille du *comte Emmanuel de Marseul* et de *Zoé-Françoise-Antoinette de Beaurepaire*.

Il est père de :

XV. MARIE-ANTOINETTE-JOSÉPHINE-LOUISE-GEORGETTE VILLARET DE JOYEUSE, née à Versailles le 25 août 1869.

BELOT

Armes: D'azur à trois losanges d'argent, deux en chef et un en pointe [1].

Famille de Nozeroy, qui fut anoblie par Charles-Quint l'an 1531, et à laquelle Philippe IV octroya des lettres de chevalerie en 1645. De 1671 à 1777, les Belot ont été admis au nombre de dix-sept dans l'Ordre de Saint-Georges [2].

P. 137.   IX. ALEXANDRE DE BELOT, seigneur DE CHEVIGNEY, épouse ÉLISABETH DE MONTRICHARD, fille de *Marc-Antoine de Montrichard* et de *Jeanne de Montrichard* [3].

---

1. *Galerie héraldo-nobiliaire de Franche-Comté*, par L. Suchaux. Vesoul. 1878, t. I, p. 61.
2. *Idem.*
3. *Histoire de l'Université du comté de Bourgogne*, par Labbey de Billy. Besançon, 1815, t. II, p. 129.

BELOT

Armes: D'azur à trois losanges d'argent, deux en chef et un en pointe [1].

Famille de Nozeroy, qui fut anoblie par Charles-Quint l'an 1531, et à laquelle Philippe IV octroya des lettres de chevalerie en 1645. De 1671 à 1777, les Belot ont été admis au nombre de dix-sept dans l'Ordre de Saint-Georges [2].

X. Claude-Luc DE BELOT, seigneur DE Chevigney, épouse Alexandrine DE MONTRICHARD, sa germaine, fille de Edme-Adrien de Montrichard et de Gabrielle de Bar [3]. P. 138.

---

1. *Galerie héraldo-nobiliaire de Franche-Comté*, par L. Suchaux. Vesoul, 1878, t. I, p. 61.
2. *Idem.*
1. *Histoire de l'Université du comté de Bourgogne*, par Labbey de Billy, . II, p. 129.

POUTIER DE SONES

P. 138.
X. Bonaventure POUTIER, seigneur de SONES, épouse Claude-Louise de MONTRICHARD, fille de *Edme-Adrien de Montrichard* et de *Gabrielle de Bar* [1].

---

1. *Histoire de l'Université du comté de Bourgogne*, par Labbey de Billy. Besançon, 1815, t. II, p. 129.

BOUTECHOUX

Armes: Coupé d'argent et d'azur, l'argent chargé de trois losanges de gueules en fasce, et l'azur d'un soleil d'or sans visage [1].

Famille originaire de Gray. Elle a fourni trois magistrats au parlement de Franche-Comté, et cinq chevaliers à la Confrérie de Saint-Georges [2].

X. Gérard de BOUTECHOUX, seigneur de Villette et de Chavanne, épouse Madeleine de MONTRICHARD, P. 138. fille de *Edme-Adrien de Montrichard* et de *Gabrielle de Bar* [3].

---

1. *Galerie héraldo-nobiliaire de Franche-Comté*, par L. Suchaux. Vesoul, 1878, t. I, p. 100.
2. *Idem.*
3. *Histoire de l'Université du comté de Bourgogne*, par Labbey de Billy. t. II, p. 129.

SAINT-MAURIS-LAMBREY

P. 140.
IX. Paul de SAINT-MAURIS, seigneur de LAMBREY, épouse Louise de MONTRICHARD, fille de *Jean-Baptiste de Montrichard* et de *Georgine de Montrichard,* sa germaine [1].

---

1. *Histoire de l'Université du comté de Bourgogne*, par Labbey de Billy. Besançon, 1815. t. II, p. 130.

VAUDREY DE SAINT-REMY

Armes : Coupé, emmanché de gueules et d'argent [1].

Cette maison, une des plus illustres de Franche-Comté, tire son nom du château de Vaudrey entre Dôle et Salins.
D'après Gollut, elle existait déjà au onzième siècle [2].

IX. Antoine de VAUDREY, baron de SAINT-REMY, épouse Louise de MONTRICHARD, veuve de Paul de Saint-Mauris, seigneur de Lambrey, fille de *Jean-Baptiste de Montrichard* et de *Georgine de Montrichard*, sa germaine [3].

P. 140.

---

1. *Armorial général de France*, par Charles d'Hozier. Franche-Comté. Dijon, 1875.
2. *Galerie héraldo-nobiliaire de Franche-Comté*, par L. Suchaux. Vesoul, 1878.
3. *Histoire de l'Université du comté de Bourgogne*, par Labbey de Billy. Besançon, 1815, t. II, p. 130.

MARÉCHAL DE VEZET

Armes : D'argent à la bande d'azur chargée de trois étoiles d'or et accompagné de deux raisins pourpre feuillés et tigés de sinople [1].

XV. Marie-Édouard MARÉCHAL, comte de VEZET, lieutenant aux grenadiers de la garde impériale, chef de bataillon de mobiles en 1870, lieutenant-colonel de l'armée territoriale, chevalier de la légion d'honneur, épouse Mlle Céleste de VAULCHIER du DESCHAUX, fille de *Charles-Marie de Vaulchier du Deschaux,* officier du génie, et de Mlle *Hermine de La Bourdonnaye.*

---

1. *Galerie héraldo-nobiliaire de Franche-Comté,* par L. Suchaux. Vesoul 1878.

SÉGUIN DE JALLERANGE

Armes : D'azur au chevron d'or, accompagné en chef de deux quintefeuilles d'argent et en pointe d'un cygne essorant de même [1].

XV. CHARLES-MARIE-PHILIBERT SÉGUIN, comte DE JALLERANGE, épouse, le 26 janvier 1870 [2], CAROLINE-MARIE-LOUISE DE VAULCHIER DU DESCHAUX, fille de *Charles-Marie de Vaulchier du Deschaux* et de *Hermine de La Bourdonnaye*. P. 149.

Il est père de :

XVI. 1° CÉLESTE SÉGUIN DE JALLERANGE ;

2° HERMINE SÉGUIN DE JALLERANGE, morte à Besançon en 1879 ;

3° NOÉLIE SÉGUIN DE JALLERANGE, née à Besançon le 1er janvier 1880 [3] ;

4° N. SÉGUIN DE JALLERANGE, né le 29 août 1882 [4].

---

1. *Galerie héraldo-nobiliaire de Franche-Comté*, par Louis Suchaux. Vesoul, 1878, t. II, p. 128.
2. *Annuaire de la noblesse*, Borel d'Hauterive. 1874.
3. *Idem.* 1881.
4. *Idem.* 1883.

CARRELET

P. 149.
XV. Le comte P<small>AUL</small> CARRELET épouse à Besançon, le 3 mai 1880 [1], Mlle C<small>ONSTANCE DE</small> VAULCHIER <small>DU</small> DESCHAUX, fille de *René-Gaspard de Vaulchier du Deschaux* et de *Mlle Caroline de La Bourdonnaye*.
Il est père de :

XVI. G<small>ILBERT</small> CARRELET.

---

1. *Annuaire de la noblesse,* par Borel d'Hauterive. Année 1881.

YANKOVITZ DE JESZENIZE

XIV. Vincent-Ferrier-Jean-Ferdinand-Joseph-Ignace de YAN-KOVITZ de JESZENIZE, gentilhomme hongrois, mort à Besançon le 7 mai 1880, avait épousé Louise-Simonne-Félicie de VAULCHIER du DESCHAUX, p. 150. née à Besançon le 10 septembre 1825 [1], fille de *Louis-René-Simon*, marquis *de Vaulchier du Deschaux*, et de *Céleste-Guilhelmine-Gasparine Millot de Montjustin.*

Il est père de :

XV. 1° Marie de YANKOVITZ de JESZENIZE, religieuse hospitalière à Besançon ;

2° Stanislas YANKOVITZ de JESZENIZE, sous-lieutenant au 10ᵉ régiment de dragons en 1880.

---

1. *Annuaire de la noblesse*, Borel d'Hauterive. Année 1843.

GARNIER DE FALLETANS

Armes : D'azur à l'agneau pascal d'argent, tenant une bannerette d'or, chargée d'une croix de gueules, au chef de l'empire [1].

Famille de Besançon où elle comptait déjà parmi les notables de la ville au treizième siècle [1].

XIII. Claude-Eugène-Frédéric GARNIER de FALLETANS, né à Dôle (Jura) en 1771, mort à Dôle le 7 novembre 1839, fils de *Pierre-Ferdinand Garnier de Falletans,* chevalier de Saint-Louis, et de *Marguerite-Simonne de Mesmay,* avait épousé Marie-Françoise de FRAGUIER, morte le 20 avril 1865, âgée de quatre-vingt-sept ans, fille de *Augustin de Fraguier,* écuyer, baron de Batilly, capitaine de dragons, et de *Marie-Césarine-Antoinette de Poligny.*

Ils ont pour enfants :

XIV. 1° Ferdinand GARNIER de FALLETANS, né à Dôle en 1804. Ancien officier supérieur de cava-

---

1. *Galerie héraldo-nobiliaire de Franche-Comté,* par Louis Suchaux. Vesoul, 1878, t. II, p. 256.

lerie, chevalier de la Légion d'honneur. Sans alliance;

2° Louis GARNIER DE FALLETANS, né à Dôle le 12 février 1805. Après avoir terminé ses études au petit séminaire de Montmorillon, il se rendit à Paris pour y étudier le droit. « Beaucoup de jeunes gens, disait-il plaisamment, perdent leur vocation dans les murs de la capitale; pour moi, j'y en ai trouvé une et me suis fait jésuite. » Il entra au noviciat de Montrouge le 17 décembre 1825. Après deux années d'épreuves qui firent bien voir tout de suite toute l'énergie de son caractère et de sa vertu, il fut envoyé en 1827 au collège de Saint-Acheul, où il ne resta pas longtemps, les ordonnances de Juin étant venues dissoudre cet établissement.

En 1830, ses supérieurs le firent partir pour l'Italie et il passa trois ans à Rome, presque uniquement occupé à l'étude de la théologie. Ordonné prêtre, il quitta Rome et vint au noviciat d'Estavayer en Suisse. On le trouve à la fin de l'année 1835 au nombre des missionnaires de La Louvesc, évangélisant les montagnes du Vivarais.

A ce moment, on annonce que la mission du Maduré était rendue par le Saint-Siège à la Compagnie de Jésus. Le Père Garnier fut désigné avec trois autres Pères pour aller tout de suite préparer les voies.

Le vaisseau qui les portait parvint à Pondichéry le 24 octobre 1837, mais la saison des pluies, quelques préparatifs indispensables et l'étude de la langue retinrent les Pères dans cette ville jusqu'au 27 février 1838.

Passant par Karical, où il visita le tombeau du célèbre Père Hyacinthe de Montjustin, il se rendit à Trichinopoly.

Bien résolu à s'établir dans cette ville, il voulut achever d'abord la visite du pays, et poursuivit sa route vers Maduré. Repoussé de cette ville, il se dirigea vers le Marava; il y resta deux mois, les consacrant à la visite et à l'administration de quelques villages. Mais dès le commencement de juin de cette même année 1838, il fut obligé de quitter, ayant reçu l'ordre d'aller se fixer à Trichinopoly, sur la demande expresse des chrétiens. Il devait travailler à raminer cette chrétienté et à lui rendre son ancienne splendeur, à s'occuper, en même temps, des bourgs et des villages d'alentour. Il établit quatre écoles en différents quartiers de la ville, inaugura les catéchismes du dimanche et visita assidûment les soldats malades dans les hôpitaux militaires, et les pauvres Indiens dans leurs misérables cabanes.

En 1840, il put commencer la grande et belle église de Trichinopoly, qui sert aujourd'hui de cathédrale au vicaire apostolique de Maduré. En dix-huit mois il acheva ce monument, sans contredit le plus beau de la grande ville, et la consécration eut lieu le 24 juin 1841.

C'est peu après qu'il reçut l'ordre de partir pour la résidence de Maduré.

Nommé Supérieur de la maison le 15 août 1842, son premier soin fut de créer un collège qui pût en même temps servir de séminaire. Puis revenant à Trichinopoly, il s'occupa d'élever un vaste bâtiment pour fonder un pensionnat, et en poussa les travaux avec son activité habituelle; vers les fêtes de Pâques 1843, l'édifice était presque terminé. Peu après il partit pour visiter les missions de l'Ouest et du Sud, mais sa santé était fort ébranlée, il tomba malade et les progrès de la maladie devinrent si menaçants qu'il fallut revenir à Maduré, où il y mourut le 5 juillet 1843, n'étant âgé que de trente-huit ans, dont il avait passé près de dix-huit dans la Compagnie de Jésus et un peu moins de six ans dans les Indes [1] ;

3º Antoine-Frédéric-Marie GARNIER de FALLETANS, né en 1807, qui suit ;

4º Philippe-Léon GARNIER de FALLETANS, né à Dôle en 1808, mort au château de la Maison-du-Bois, près Gray, en 1856, avait épousé Mlle Amicie de VAUDRIMEY d'AVOUST, morte au château de la Maison-du-Bois.

Pour enfants :

XV. 1º Raymond GARNIER de FALLETANS, né à la Maison-du-Bois en 1845, épouse, le 22 avril 1873, Pauline-Marie Caroline LE CARRUYER de BEAUVAIS, morte à Auxerre le 31 mai 1876, âgée de vingt-sept ans ; fille de *Jean-Germain-Adolphe Le Carruyer de Beauvais*, ancien capitaine d'état-major, chevalier de la légion d'honneur, mort à Auxerre le 29 juillet 1880 dans sa soixante seizième année, et de Mlle *Marie de Loppin de Gémeaux*.

Pour enfant :

XVI. Ferdinand GARNIER de FALLETANS, né en 1874 ;

2º Jeanne GARNIER de FALLETANS, née au château de la Maison-du-Bois en 1850, épouse, en 1869, M. Jules de CAMPOUX ; P. 212.

3º Gabriel GARNIER de FALLETANS, né à Dôle en 1812. Sans alliance.

---

1. *Les nouveaux jésuites dans l'Inde*, par le P. Louis Saint-Cyr, S. J. Paris, Laroche, 1865.

XIV. Antoine-Frédéric-Marie GARNIER de FALLE-TANS, né à Dôle le 4 juin 1807, mort à Amagne le 16 mai 1880, avait épousé le 21 août 1847 Mlle Caroline de JARSAILLON, morte le 25 février 1875.

Il est père de :

XV. Charles-Jean-Baptiste GARNIER de FALLE-TANS, qui suit.

XV. Charles-Jean-Baptiste GARNIER de FALLETANS, né le 28 février 1849, garde général des forêts à Louhans (Saône-et-Loire), épouse, le 25 novembre 1875, Jeanne-Charlotte de CHAMPS de SAINT-LÉGER de BRÉCHARD.

Il est père de :

XVI. Hervé GARNIER de FALLETANS, né le 13 mai 1878.

BEAUME

XV. M. BEAUMÉ, receveur particulier à Bergerac, épouse le 7 juin 1870 Mlle Marthe de Paul de Saint-Marceaux, fille de M. *de Paul de Saint-Marceaux* P. 160. et de Mlle *Marie de Laurencin-Beaufort*.

Il est père de :

XVI. Gaston BEAUMÉ, né le 25 novembre 1871.

GRANT DE VAUX

P. 162.

XIV. M. Alpin GRANT de VAUX, capitaine de place, mort à Lyon en 1867, avait épousé Henriette DUPORT de RIVOIRE, fille de *Charles-Louis-Catherin Duport, baron de Rivoire* et de *Sophie Le Prestre de Vauban.*

Il est père de :

XV. Auguste GRANT de VAUX épouse le 24 octobre 1876 Mlle Angèle CHEVRIER de CORCELLES, fille de M. *Chevrier de Corcelles* (de Bourg), et de Mlle *Migieu.*

BOURNET

XIV. M. de BOURNET épouse Mlle Camille DUPORT de P. 162. RIVOIRE, fille de *Charles-Louis-Catherin Duport, baron de Rivoire*, et de *Sophie Le Prestre de Vauban*.

ENTRAIGUES

Armes : De gueules, à une tour d'argent maçonnée de sable [1].

La maison d'Entraigues, établie depuis quatre siècles dans le Vivarais, est originaire du Rouergue. Les preuves de noblesse qu'elle a faites le 1er janvier 1699 devant M. de Bosville et qu'elle a renouvelées devant Cherin, généalogiste des Ordres du Roi, et devant les commissaires des États du Languedoc en 1786, pour être admise à siéger dans cette assemblée, remontent à Jean d'Entraigues, seigneur de Montare, dont le fils Jean vivait en 1480 [1].

XIV. Charles-Aimé-Jules d'ENTRAIGUES [2], né à Salins, le 9 mai 1803, lieutenant de vaisseau, chevalier de la légion d'honneur et du Christ de Portugal, mort à Salins le 17 juin 1851, fils de *Jean-Charles d'Entraigues*, seigneur de Cabanes, capitaine d'artillerie, chevalier de Saint-Louis, né à Uzès, le 17 avril 1768, mort le 20 décembre 1849, qui avait épousé, le 28 décembre 1797, demoiselle *Jeanne-Judith Chanderlos de Laclos*.

---

1. *Histoire du comté de Sennecey-le-Grand*, par L. Niepce. Lyon, Vingtrinier, 1877, t. II, p. 102.
2. *Armorial général* de d'Hozier. Registre VII. *Généalogie d'Entraigues*.

Il épouse, le 1ᵉʳ mai 1842, Françoise-Marie DUPORT de RIVOIRE, veuve en juin 1851 ¹, fille de P. 162. *Charles-Louis-Catherin Duport*, baron *de Rivoire*, et de *Sophie Le Prestre de Vauban*.

De ce mariage sont nés :

XV. 1° Jean-Charles-Albéric d'ENTRAIGUES, qui suit;

2° Louis-François-Marie d'ENTRAIGUES, né à Salins le 25 juin 1845, mort à Nice le 14 décembre 1863 ².

XV. Jean-Charles-Albéric d'ENTRAIGUES, né à Salins, le 27 avril 1843, officier d'état-major, marié à Mlle Thérèse de TRINQUELADE-DION.

---

1. *Histoire du canton de Sennecey-le-Grand*, par L. Niepce. Lyon, Vingtrinier, 1877.
2. *Armorial général* de d'Hozier. Registre VII. *Généalogie d'Entraigues*.

PRIEL

XIV. **M.** DE **PRIEL** épouse Mlle Françoise-Marie **DUPORT** DE **RIVOIRE**, veuve en juin 1851 [1] de M. Charles-Aimé-Jules d'Entraigues; fille de *Charles-Louis-Catherin Duport*, baron *de Rivoire*, et de *Sophie Le Prestre de Vauban*.

Il a pour enfants :

XV. 1° Mlle DE **PRIEL**;

2° Mlle DE **PRIEL**.

---

1. *Histoire du canton de Sennecey-le-Grand*, par L. Niepce. Lyon, Vingtrinier, 1877.

CONSTANTIN DE CHANAY

XIV. Louis-Joseph-Constantin de CHANAY, né à Villefranche (Rhône), le 19 juin 1830, fils de *Ernest-Constantin de Chanay* et de *Amélie de Macheco*, épouse au château de La Faye, commune de Marly-sur-Arroux (Saône-et-Loire), le 4 octobre 1854, Mlle Marie BOUILLET de LA FAYE, née à Lyon, le 15 février 1833, fille de *Ferdinand-Guillaume Bouillet de la Faye*, et de *Georgette-Simonne-Antoinette Le Prestre de Vauban* [1].

Ils ont pour enfants :

XV. 1° Jean-Antoine CONSTANTIN de CHANAY, né à Lyon le 12 avril 1854 ;

2° Joseph-Ferdinand CONSTANTIN de CHANAY, né au château de Moleron le 28 septembre 1857 ;

3° Charles-François CONSTANTIN de CHANAY, né au château de Moleron le 11 septembre 1858.

---

[1]. *Généalogie de la famille Le Prestre de Vauban*, par M. L. Desvoyes. Semur, 1875, p. 20.

RAVIOT DE SAINT-ANTHOT

XV. Félix RAVIOT de SAINT-ANTHOT, fils de *Hubert Raviot de Saint-Anthot* et de *Claire de Charentenay*, né à Dijon le 8 décembre 1846, épouse à Choye, le 15 février 1870, Anne-Marie-Henriette-Edvige de Pillot de Coligny, née au château de Choye, le 15 avril 1844, fille de *Marie-Esprit-Eugène-Louis de Pillot*, comte *de Coligny* et de *Louise-Georgine-Élisabeth-Nancy*, dite *Berthe de Thoisy*.

Il est père de :

XVI. 1° Marie-François-Joseph RAVIOT de SAINT-ANTHOT, né à Fribourg (Suisse), le 8 avril 1871, et mort le même jour;

2° François-Marie RAVIOT de SAINT-ANTHOT, né à Fribourg le 8 septembre 1872;

3° Bernard-Louis-Marie RAVIOT de SAINT-ANTHOT, né à Fribourg le 20 février 1874.

CUSSY

XV. Rodolphe de CUSSY, né à Bayeux, le 25 février 1852 fils de *Marie-Adalbert de Cussy* et de *Marie de Cussy*, épouse à Choye (Haute-Saône), le 6 octobre 1875, Marie-Élisabeth-Georgine-Thérèse de PILLOT de COLIGNY, née à Choye, le 22 mars 1851, fille de *Marie-Esprit-Eugène-Louis de Pillot, comte de Coligny*, et de *Louise-Georgine-Elizabeth-Nancy*, dite *Berthe de Thoisy*.

P. 169.

Sans enfants.

MESSEY

Armes : D'azur au sautoir d'or [1].

La maison de Messey est des plus anciennes et possédait, au village de ce nom un château en briques, flanqué de quatre tours [2].

XV. Le COMTE XAVIER DE MESSEY, né au château de Loncherais (Maine-et-Loire), le 10 octobre 1857, fils de *Léon, comte de Messey*, et de *Laure Doublard du Vigneau*, épouse à Choye (Haute-Saône), le 1ᵉʳ mars 1880, MARIE-CATHERINE-GENEVIÈVE-BÉATRIX DE PILLOT DE COLIGNY, née à Choye le 12 août 1856, fille de *Marie-Esprit-Eugène-Louis de Pillot, comte de Coligny*, et de *Louise-Georgine-Élizabeth-Nancy*, dite *Berthe de Thoisy*, née à Joudes, le 15 octobre 1823.

Il est père de :

XVI. 1° HENRI DE MESSEY, né à Choye en décembre 1880 ;

2° EMMANUEL DE MESSEY, né à Choye en février 1883.

---

1. *Galerie héraldo-nobiliaire de Franche-Comté*, par Louis Suchaux. Vesoul. 1878, t. II, p. 41.
2. *Histoire du canton de Sennecey-le-Grand*, par L. Niepce. Lyon, Vingtrinier 1877, t. II, p. 562.

RIVOIRE DE LA BASTIE

Armes : Fascé d'argent et de gueules de six pièces, à la bande d'azur chargée de trois fleurs de lis d'or [1].

XV. Le comte OSCAR DE RIVOIRE DE LA BASTIE [2], né le 22 septembre 1845, fils de *Joseph-Henri-Eugène* marquis *de Rivoire de la Bastie,* né en 1786, décédé à Bourgoing le 31 janvier 1879, et de *Élise-Eugénie Compagnon de Ruffieu,* épouse à Choye (Haute-Saône), le 24 octobre 1882, MARIE-NICOLE-AMÉLIE-GENEVIÈVE DE PILLOT DE COLIGNY, née à Choye le 15 avril 1859, fille de *Marie-Esprit-Eugène-Louis de Pillot* comte *de Coligny,* né à Choye le 6 août 1815, et de *Louise-Georgette-Élisabeth-Nancy,* dite *Berthe de Thoisy,* née le 15 octobre 1823.

---

1. *Annuaire de la noblesse.* Borel d'Hauterive, 1863.
2. *Idem.*

RENOM DE LA BAUME

Armes : De gueules au dextrochère armé d'argent, entre un vol du même, tenant une branche au naturel.

Famille de Marins, originaire d'Angleterre, venue en France à l'époque de Marie Stuart.

XV. Le comte Alexandre-Marie-Joseph-Denys RENOM de LA BAUME, né à Draguignan, le 3 mars 1849, fils de *Charles-Édouard-Léopold Renom de La Baume* et de *Marie-Louise-Dorothée de Wys,* morte à Paris en 1883.

Sous-officier de mobiles attaché à l'état-major du général d'Hugues. Campagne 1870-71.

Armée royale espagnole : lieutenant de cavalerie le 9 septembre 1874 ; officier d'ordonnance du général en chef le 30 septembre 1874 ; capitaine le 27 mars 1875 ; aide de camp du général en chef le 31 mars 1875 ; chef d'escadron le 27 juillet 1876.

Décoré du mérite militaire rouge le 2 octobre 1874, plaque du même ordre le 3 novembre 1876.

Un cheval tué sous lui et une balle dans le bras pendant les journées des 24-25-26 septembre 1874.

Coup de feu à la jambe et coup de poignard à la poitrine le 11 août 1876.

A rapporté un drapeau à l'action de Daroca.

Il épouse à l'église Sainte-Clotilde à Paris, le 22 novembre 1880, Henriette-Marie-Berthe PRÉVOST de SANSAC de LA VAUZELLE, née à Bordeaux, le 22 octobre 1857, fille de *Germain-Pierre-Ernest Prévost de Sansac,* marquis *de La Vauzelle,* et de *Stéphanie-Louise-Camille de Drée.*

P. 180

CAMPOUX

XV. M. Jules de CAMPOUX, major de cavalerie en 1880, avait épousé, en 1869, Mlle Jeanne GARNIER de FALLETANS, née au château de la Maison-du-Bois, près Gray, en 1850, fille de *Philippe-Léon Garnier de Falletans*, né à Dôle, en 1808, mort au château de la Maison-du-Bois en 1850, et de Mlle *Amicie de Vandrimey d'Avoust*.

Il est père de :

XVI. 1° Henriette de CAMPOUX, née en 1870;
     2° Thérèse de CAMPOUX, née en 1878.

INDEX

DES FAMILLES DONT LA DESCENDANCE SE RATTACHE
A LA MAISON DE BEAUREPAIRE

	Page
Balahu de Noiron	172
Barbier	161
Barlatier de Mas	166
Beaumé	199
Belot (Alexandre)	184
Belot (Claude-Luc)	185
Berbis des Mailly	176
Boisrenaud (Renaud de)	129
Bouillet de La Faye	164
Bournet	201
Boutechoux	187
Bréhéret de Courcilly	119
Broquard de Bussières	114
Bussières (Broquard de)	114
Campoux	212
Carrelet	192
Chanay (Constantin de)	205
Charbonnier de Crangeac	157
Cléry (Pelletier de)	118
Coligny (Pillot de)	167
Constantin de Chanay	205

	Pages
Courcilly (Bréhéret de)	119
Crangeac (Charbonnier de)	157
Cussy	207
Drée	123
Durestal	86
Duport de Rivoire	162
Entraigues	202
Fléron	75
Fraguier	154
Frangey	77
Garnier de Falletans	194
Grant de Vaux	200
Hugon d'Augicourt	155
Jallerange (Séguin de)	191
La Faye (Bouillet de)	164
Laurencin-Beaufort	91
La Baume (Renom de)	210
La Vauzelle (Prévost de Sansac de)	179
Le Prestre de Vauban	97
Maréchal de Vezet	190
Marseul	126
Mas (Barlatier de)	166
Masson de Saint-Amand	121
Messey	208
Millot de Montjustin	159
Montagut	84
Montagut de Moyron	79
Montigny	85
Montillet	175
Montjustin (Millot de)	159
Montrichard (Anatoile)	81
Montrichard de la Brosse	111
Montrichard (Marc-Antoine)	137
Montrichard (Jean-Baptiste)	140
Noiron (Balahu de)	172
Paul de Saint-Marceaux	160
Pelletier de Cléry	118
Perrier	76
Pillot de Coligny	167
Poligny	87

	Pages
Poutier de Sones	186
Pra-Ballaysaulx	80
Pracomtal	177
Prévost de Sansac de La Vauzelle	179
Priel	204
Raviot de Saint-Anthot	206
Rivoire (Duport de)	162
Rivoire de La Bastie	209
Renaud de Boisrenaud	129
Renom de La Baume	210
Rochefort	130
Saint Amand (Masson de)	121
Saint Marceaux (Paul de)	160
Saint-Mauris-Montbarrey	132
Saint-Mauris-Lambrey	188
Séguin de Jallerange	191
Solon	83
Thoisy	104
Vauban (Le Prestre de)	97
Vaudrey de Valleroy	139
Vaudrey de Saint-Remy	189
Vaulchier du Deschaux	142
Vezet (Maréchal de)	190
Villaret de Joyeuse	182
Yankowitz de Jeszenize	193

INDEX

DES FEMMES QUI ONT PRIS ALLIANCE DANS LA MAISON DE BEAUREPAIRE
OU DANS SES DESCENDANCES

	Pages
Aisy (du Bois d') (Louise-Germaine-Philiberte-Marguerite). . . .	105
Albrecht (Hermine).	95
Aligny (Quarré de Château-Regnaud d') (Marie-Anne-Hélène) . .	170
Avoust (Vaudrimey d') (Amicie).	197
Amédor de Mollans (d') (Charlotte-Marie-Céline-Marguerite). . .	170
Artaud de La Ferrière (Jeanne-Marie-Édith)	108
Bar (Gabrielle de)	138
Barbentanne (de Puget de) (Anne-Henriette).	99
Beauvais (Le Carruyer de) (Pauline-Marie-Caroline).	197
Bethenod (Mlle)	163
Bois-d'Aisy (du) (Louise-Germaine-Philiberte-Marguerite).	105
Bommarchant (Denise-Octavie).	156
Bourgon (Irène).	156
Bouton (Mlle)	3
Branche de Flavigny (Marie-Félicie-Antoinette)	173
Brancion (de) (Jeanne-Françoise).	12
Castries (de La Croix de) (Louise-Marie-Gabrielle).	65
Champagne (de) (Hélène-Antide-Gasparine).	93
Champs de Saint-Léger de Bréchard (de) (Jeanne-Charlotte) . . .	198
Chavaudon (Guillaume de) (Amélie-Mariette-Jeanne).	106
Chevalot (de) (Claude)	7
Chevrier de Corcelles (Angèle).	200

	Pages
Chiquet (Pierrette-Jeanne)	63
Contay (Le Josne de) (Louise-Marie-Georgine).	165
Corcelles (Chevrier de) (Angèle)	250
Coutot (de) (Etiennette)	5
Delahante (Elisabeth-Marie)	109
Digoine (de) (Anne)	141
Dugon (Marie-Germaine-Laure)	109
Faulquier (Marguerite)	5
Flavigny (Branche de) (Marie-Félicie-Antoinette)	173
Fragstein (de) (Louise-Népomucène)	63
Garidel-Thoron (de) (Louise-Chantal-Marie)	66
Grandin de Rambouville (Sarah)	125
Guillaume de Chavaudon (Amélie-Mariette-Jeanne)	106
Henin-Liétard (d') (Anne-Marie)	29
Imbert-Colomes (Jeanne-Marie-Françoise-Victoire)	112
Jarsaillon (de) (Caroline)	198
La Bévière (Mignot de) (Anne-Joséphine)	89
La Bourdonnaye (de) (Hermine)	148
La Bourdonnaye (de) (Caroline)	149
La Coste-Thoiriat (de) (Jeanne-Huguette)	35
La Croix de Castries (de) (Louise-Marie-Gabrielle)	65
La Ferrière (Artaud de) (Jeanne-Marie-Édith)	108
La Myre-Mory (de) (Mlle)	96
Lantenne (de) (Jeanne)	9
Larret (Paguelle de) (Anne-Louise-Marie-Delphine)	174
Le Carruyer de Beauvais (Pauline-Marie-Caroline)	197
Le Josne de Contay (Louise-Marie-Georgine)	165
Le Roux du Châtelet (Marie-Elisabeth)	102
Levesque de Pouilly (Désirée-Elisabeth)	117
Maucler (de) (Charlotte-Adrienne-Philippine)	150
Mignot de La Bévière (Anne-Joséphine)	89
Millot de Montjustin (Céleste-Guilhelmine-Gasparine)	148
Mollans (d'Amédor de) (Charlotte-Marie-Céline-Marguerite)	170
Montbreu (de) (Catherine)	66
Montciel (Terrier de) (Charlotte-Félicité)	145
Monteynard (de) (Henriette-Jeanne)	94
Montjustin (Millot de) (Céleste-Guilhelmine-Gasparine)	148
Montrichard (de) (Adrienne-Françoise)	138
Morelet (Aurélie)	168
Morelet (Lia)	169

	Pages
Moy de Sons (de) (Appoline-Augustine-Geneviève)	95
Moyria (de) (Marie-Louise-Catherine)	44
Paguelle de Larret (Anne-Louise-Marie-Delphine)	174
Pin (du) (Philiberte)	8
Piolenc (de) (Mlle)	96
Poligny (de) (Jeanne-Baptiste-Marie-Antoinette-Anne)	101
Pouilly (Levesque de) (Désirée-Elisabeth)	117
Puget de Barbentanne (de) (Anne-Henriette)	99
Quarré de Château-Regnaud d'Aligny (Marie-Anne-Hélène)	170
Raincourt (de) (Marie-Charlotte-Elisabeth)	70
Raincourt (de) (Marie-Anatole-Alix)	152
Rambouville (Grandin de) (Sarah)	125
Richard de Soultrait (Hyacinthe-Alix-Hippolyte)	106
Saigey (de) (Jeanne)	77
Salins (de) (Guillemette)	8
Scey (de) (Antoinette)	14
Soultrait (Richard de) (Hyacinthe-Alix-Hippolyte)	106
Sugny (de) (Philippe)	77
Terrier de Montciel (Charlotte-Félicité)	145
Thoisy (de) (Jeanne-Marie-Gabrielle)	109
Tocquet de Montgeffond (de) (Claudine)	21
Trinquelade-Dion (de) (Thérèse)	203
Ugny (d') (Nicole)	15
Vaudrimey-d'Avoust (de) (Amicie)	197

www.ingramcontent.com/pod-product-compliance
Lightning Source LLC
Chambersburg PA
CBHW071951160426
43198CB00011B/1639